현지에서 찐으로 통하는 영어회화

유튜브 음원 QR 코드

영어교재연구원 엮음

도서출판 **YEGA**

이 책의 특징 알아보기

많은 단어를 외우고 있다고 해서 다양한 표현을 할 수 있는 것은 아니며 모국어가 아닌 이상 갑자기 닥친 상황에 빠르게 대처할 수 있는 사람은 많지 않다. 이 책은 가장 많이 일어나는 상황에 맞는 회화를 익힐 수 있도록 구성하여 실제적인 영어 표현과 갑자기 맞닥뜨리게 될 여러 가지 경우를 제시함으로써 다양한 언어 구사 능력을 발휘할 수 있을 뿐만 아니라 초보자에게는 자신감을 안겨줄 것이다.

모든 예문은 현지 발음에 충실하게 한글로 표기하였다. 외국어를 한글로 표기하는 것이 어색한 일이지만 생소한 문장을 '듣기'만으로 오롯이 따라 하기란 쉬운 일이 아니다. MP3 파일을 유튜브로 보면서 눈과 귀로 반복적으로 익히고 한글 표기를 참고하여 꾸준히 따라 연습해 보자. 짧은 문장부터 긴 문장까지 무작정 따라 하다 보면 영어로 말하기가 쉬워지고 발음은 자연스러워질 것이다.

CONTENTS

이 책의 특징 알아보기　2　　알아두어야 할 기본 영단어　9

PART 01 기본표현

UNIT ❶ 만남에 관한 표현
평소에 인사할 때　21
안부를 물을 때　23
근황을 물을 때　25
오랜만에 만났을 때　28
우연히 만났을 때　30

UNIT ❷ 소개에 관한 표현
처음 만났을 때　33
자신을 소개할 때　34
이름을 말할 때　36
사람을 부를 때　37
상대를 소개할 때　38
그 밖의 소개에 관한 표현　41

UNIT ❸ 고마움에 관한 표현
고마움을 말할 때　43
고마움에 대한 응답을 할 때　46
선물을 주고 받을 때　48

UNIT ❹ 사과＆사죄에 관한 표현
사과할 때　51
용서를 구할 때　55
사과·용서에 대한 응답　56

UNIT ❺ 축하＆환영에 관한 표현
환영할 때　59
축하할 때　60
기원·축복을 할 때　62

UNIT ❻ 작별에 관한 표현
자리에서 일어날 때　65
자리에서 일어서는 사람에게 말할 때　68
헤어질 때　70
그 밖의 표현　72

PART 02 일상표현

UNIT ❶ 가족관계에 관한 표현
가족에 대해 말할 때　75
자녀에 대해 말할 때　78

UNIT ❷ 나이＆생일에 관한 표현
나이를 말할 때　81
생일을 말할 때　83

UNIT ❸ 주거&출신&종교에 관한 표현
고향과 출신지를 말할 때	85
거주지를 말할 때	86
종교를 말할 때	87

UNIT ❹ 날씨&계절에 관한 표현
날씨를 말할 때	89
일기예보를 말할 때	94
계절을 말할 때	96

UNIT ❺ 시간&연월일에 관한 표현
시간을 물어볼 때	99
연월일을 물어볼 때	102

UNIT ❻ 때&장소에 관한 표현
때를 물어볼 때	105
장소를 말할 때	108

UNIT ❼ 신체&외모에 관한 표현
신체에 대해 말할 때	113
외모에 대해 말할 때	115
복장에 대해 말할 때	117

PART 03 감정표현

UNIT ❶ 기쁨&칭찬&감탄에 관한 표현
기쁘거나 즐거울 때	121
성과를 칭찬할 때	123
능력과 재주를 칭찬할 때	125
칭찬에 대한 응답을 할 때	128
감탄을 할 때	129

UNIT ❷ 근심&걱정&슬픔에 관한 표현
근심과 걱정을 할 때	131
근심과 걱정을 위로할 때	133
슬플 때	135
슬픔을 위로할 때	137

UNIT ❸ 놀라움&두려움&긴장에 관한 표현
놀랐을 때	139
무서울 때	141
긴장·초조할 때	143
긴장·초조를 진정시킬 때	145

UNIT ❹ 불평&불만&노여움에 관한 표현
화가날 때	147
상대방이 화가 났을 때	149
언행이 지나칠 때	150
진정하라고 말할 때	151
짜증날 때	152
귀찮거나 불평할 때	154
불평하지 말라고 할 때	155

UNIT ❺ 싸움&비난&후회에 관한 표현
싸우거나 다툴 때	157
꾸중할 때	158
화해할 때	159
욕설할 때	160
비난할 때	161
비난에 대한 반응	163
후회할 때	164

PART 04 화제표현

UNIT ❶ 학교에 관한 표현
출신학교와 전공을 물을 때	167
학교생활에 대해 말할 때	170
공부와 시험에 대해 말할 때	173

UNIT ❷ 직장&사업에 관한 표현
직업에 대해 말할 때	175
사업에 대해 말할 때	178
직장에 대해 말할 때	180
출퇴근에 대해 말할 때	182
근무에 대해 말할 때	183
급여에 대해 말할 때	184
승진에 대해 말할 때	185
휴가에 대해 말할 때	186
직장상사에 대해 말할 때	187
사직·퇴직에 대해 말할 때	188
접수처에서 손님을 맞을 때	189
외국손님을 접대할 때	190

UNIT ❸ 여가&취미에 관한 표현
여가에 대해 말할 때	193
취미에 대해 말할 때	194
스포츠에 대해 말할 때	195
여행에 대해 말할 때	198
독서에 대해 말할 때	200
영화에 대해 말할 때	202
음악에 대해 말할 때	204
그림에 대해 말할 때	205

UNIT ❹ 초대&방문&약속에 관한 표현
초대를 제안할 때	207
초대를 승낙할 때	208
초대를 거절할 때	209
손님 마중과 방문을 할 때	210
방문을 마치고 돌아갈 때	212
약속을 제안할 때	213
약속제안에 응답할 때	214
약속시간과 장소를 정할 때	215

UNIT ❺ 컴퓨터&핸드폰에 관한 표현
컴퓨터 사용하기	217
컴퓨터 사용 시 트러블	219
인터넷 이용하기	221
핸드폰 이용 시	223

PART 05 의견표현

UNIT ❶ 의견&질문&제안&권유에 관한 표현
의견을 물을 때	227
의견에 대한 긍정을 할 때	229
의견에 대한 부정을 할 때	230
질문을 할 때	231
질문에 답변할 때	232
제안·권유를 할 때	233

제안·권유를 받아들일 때	236	**UNIT ❸ 부탁&충고&재촉에 관한 표현**	
제안·권유를 거절할 때	237	부탁을 할 때	249
UNIT ❷ 결심&명령에 관한 표현		부탁을 들어줄 때	252
결심·결정을 할 때	239	부탁 거절과 양해를 구할 때	253
상대의 의중을 확인할 때	241	충고를 할 때	254
상대를 설득할 때	242	주의를 줄 때	256
지시나 명령을 할 때	244	재촉할 때	258
추측과 판단을 할 때	245	여유를 가지라고 말할 때	260
확신을 밝힐 때	246		

PART 06 교통표현

UNIT ❶ 길 안내에 관한 표현		택시를 이용할 때	277
길을 물을 때	263	**UNIT ❸ 자동차에 관한 표현**	
길을 가르쳐 줄 때	266	렌터카를 이용할 때	279
UNIT ❷ 대중교통에 관한 표현		교통위반을 했을 때	281
버스를 이용할 때	271	주차와 세차를 할 때	282
지하철을 이용할 때	273	자동차 정비소에서	284
열차를 이용할 때	275		

PART 07 식사표현

UNIT ❶ 식사 제의&예약에 관한 표현		식당 입구에서	295
식사를 제의할 때	289	**UNIT ❷ 식당에 관한 표현**	
음식을 배달시킬 때	290	음식을 주문할 때	297
식당을 결정할 때	291	식성과 식욕을 말할 때	300
식당을 예약할 때	293	음식맛을 말할 때	303
예약을 취소할 때	294	식당을 말할 때	305

식당에서의 트러블	306	음료를 마실 때	313
식사를 마친 후	308	술을 주문하거나 권할 때	315
음식값을 계산할 때	309	술에 관한 여러 가지 화제	318
UNIT ❸ 음주&패스트푸드에 관한 표현		패스트푸드점에서 주문할 때	319

PART 08 쇼핑표현

UNIT ❶ 쇼핑에 관한 표현
가게를 찾을 때	323	생필품·식료품 가게에서	342
매장안에서	325	**UNIT ❸ 계산에 관한 표현**	
UNIT ❷ 물건 구입에 관한 표현		물건값을 흥정할 때	345
의복·신발을 살 때	331	물건값을 계산할 때	347
가방·모자를 살 때	336	**UNIT ❹ 포장&배달에 관한 표현**	
화장품·보석·액세서리를 살 때	337	포장을 부탁할 때	351
기념품·가전제품을 살 때	340	배달을 부탁할 때	352
		물건을 교환·반품할 때	353

PART 09 병원표현

UNIT ❶ 건강에 관한 표현
건강에 대해 말할 때	357	피부과에서	371
검진을 받을 때	358	산부인과에서	372
약에 대해서 말할 때	360	소아과에서	373
UNIT ❷ 병에 관한 표현		신경외과에서	374
내과에서	363	안과에서	376
외과에서	365	치과에서	377
이비인후과에서	367	**UNIT ❸ 병문안에 관한 표현**	
비뇨기과에서	370	입원소식을 들었을 때	379
		환자 증세를 말할 때	380

PART 10 서비스 표현

UNIT ❶ 전화에 관한 표현
전화를 걸 때 385
전화를 받을 때 387
전화를 바꿔 줄 때 388
전화를 받을 수 없을 때 389
메시지를 부탁할 때 390
전화를 잘못 걸었을 때 391
UNIT ❷ 우체국&은행에 관한 표현
우체국에서 393
은행에서 394
UNIT ❸ 부동산&관공서에 관한 표현
부동산에서 397
관공서에서 400
UNIT ❹ 미용&세탁에 관한 표현
미용실에서 403
세탁소에서 405

PART 11 여행표현

UNIT ❶ 기내&입국에 관한 표현
기내에서 409
입국할 때 413
UNIT ❷ 숙박에 관한 표현
호텔을 예약할 때 417
호텔에서 체크인 할 때 418
호텔 프런트에서 420
호텔에서 룸서비스를 받을 때 421
호텔에서 트러블이 있을 때 422
호텔에서 체크아웃을 할 때 423
UNIT ❸ 관광에 관한 표현
관광안내소에서 425
씨티투어를 할 때 427
사진을 찍을 때 429
UNIT ❹ 오락에 관한 표현
디스코텍에서 431
바(bar)에서 432
카지노에서 433
UNIT ❺ 트러블에 관한 표현
물건을 분실했을 때 435
도난을 당했을 때 436
사고를 당했을 때 437
UNIT ❻ 귀국에 관한 표현
항공권 예약을 재확인 할 때 439
항공편을 변경할 때 440
공항으로 갈 때 441
물건을 놓고 왔을 때 442
탑승수속을 할 때 443
귀국하는 비행기 안에서 445

알아두어야 할 기본 영단어

01 Face 얼굴

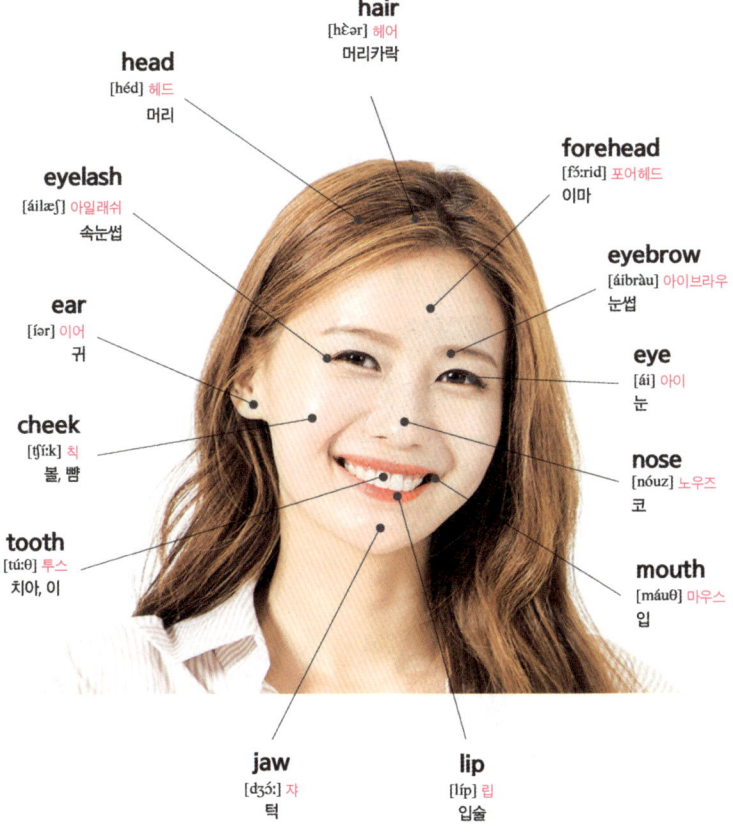

hair [hɛ́ər] 헤어
머리카락

head [héd] 헤드
머리

forehead [fɔ́:rid] 포어헤드
이마

eyelash [áilæʃ] 아일래쉬
속눈썹

eyebrow [áibràu] 아이브라우
눈썹

ear [íər] 이어
귀

eye [ái] 아이
눈

cheek [tʃí:k] 칙
볼, 뺨

nose [nóuz] 노우즈
코

tooth [tú:θ] 투스
치아, 이

mouth [máuθ] 마우스
입

jaw [dʒɔ́:] 자
턱

lip [líp] 립
입술

02 Body 신체

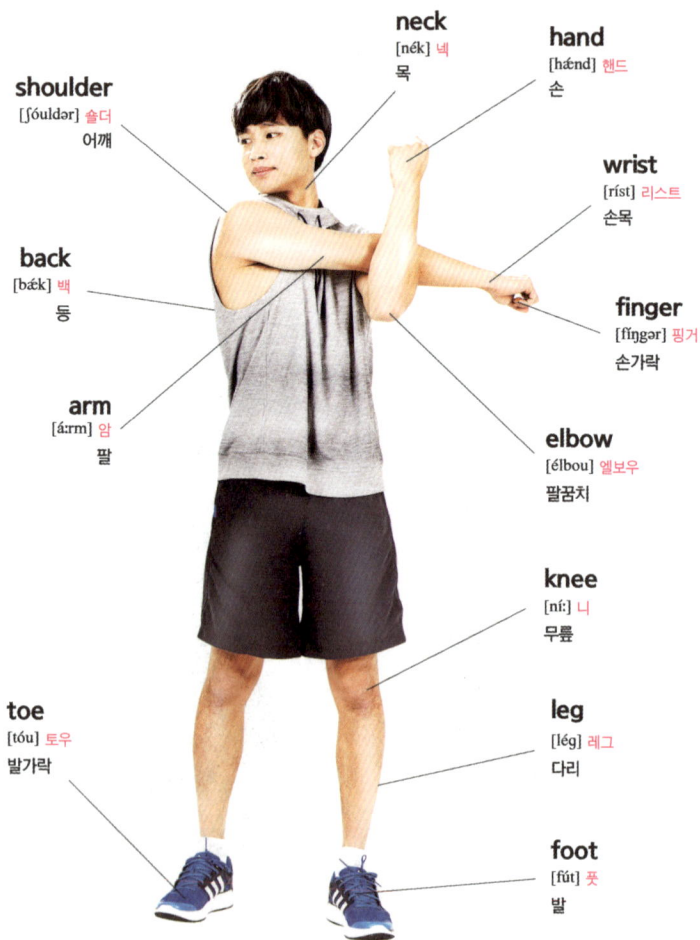

neck [nék] 넥 목

hand [hǽnd] 핸드 손

shoulder [ʃóuldər] 숄더 어깨

wrist [ríst] 리스트 손목

back [bǽk] 백 등

finger [fíŋgər] 핑거 손가락

arm [á:rm] 암 팔

elbow [élbou] 엘보우 팔꿈치

knee [ní:] 니 무릎

toe [tóu] 토우 발가락

leg [lég] 레그 다리

foot [fút] 풋 발

03 Family 가족

grandfather
[grǽndfɑ̀:ðər] 그랜드파더 할아버지

grandmother
[grǽndmʌ̀ðər] 그랜드마더 할머니

father
[fɑ̀:ðər] 파더 아버지

mother
[mʌ́ðər] 머더 어머니

son
[sʌ́n] 썬 아들

daughter
[dɔ́:tər] 도터 딸

grandson
[grǽndsʌ̀n] 그랜드썬 손자

granddaughter
[grǽnddɔ̀:tər] 그랜드도터 손녀

sister
[sístər] 씨스터 언니, 누나, 여동생

brother
[brʌ́ðər] 브라더 형, 오빠, 남동생

uncle
[ʌ́ŋkl] 엉클

삼촌, 작은아버지, 고모부, 이모부

aunt
[ǽnt] 엔트 숙모, 작은어머니

People 사람들

I [ái] 아이 나
me [mi; míː] 미 나를
my [mái] 마이 나의

we [wí] 위 우리
us [əs] 어스 우리들
our [áuər] 아워 우리의

he [hí] 히 그
him [him] 힘 그를
his [híz] 히즈 그의

you [ju] 유 당신, 너, 여러분
your [júər] 유어 당신의, 너의, 여러분의

she [ʃíː] 쉬 그녀
her [hə́ːr] 허 그녀를, 그녀의

they [ðéi] 데이 그들
them [ðəm] 뎀 그들을
their [ðər] 데어 그들의

05 Time 시간

one o'clock
원 어클락

two o'clock
투 어클락

three o'clock
쓰리 어클락

four o'clock
풔 어클락

five o'clock
파이브 어클락

six o'clock
식스 어클락

seven o'clock
세븐 어클락

eight o'clock
에잇 어클락

nine o'clock
나인 어클락

ten o'clock
텐 어클락

eleven o'clock
일레븐 어클락

twelve o'clock
투웰브 어클락

❶ **o'clock** [əklák] 어클락 ~시
❷ **hour** [áuər] 아워 시간, 1시간
❸ **minute** [mínit] 미닛츠 분
❹ **second** [sékənd] 세컨드 초
❺ **two fifteen = quarter past two** 2:15
❻ **two thirty = half past two** 2:30
❼ **two forty-five = quarter to three** 2:45

06 Cardinal number 기수

* 하나, 둘, 셋처럼 '세는 수'를 말합니다.

one [wʌ́n] 원 1	**two** [túː] 투 2
three [θríː] 쓰리 3	**four** [fɔːr] 풔 4
five [fáiv] 파이브 5	**six** [siks] 씩스 6
seven [sévən] 세븐 7	**eight** [eit] 에잇 8
nine [nain] 나인 9	**ten** [ten] 텐 10
eleven [ilévən] 일레븐 11	**twelve** [twelv] 투웰브 12
thirteen [θə̀ːrtíːn] 썰틴 13	**fourteen** [fɔ̀ːrtíːn] 풔틴 14
fifteen [fìftíːn] 피프틴 15	**sixteen** [sìkstíːn] 씩스틴 16
seventeen [sèvəntíːn] 세븐틴 17	**eighteen** [èitíːn] 에이틴 18
nineteen [nàintíːn] 나인틴 19	**twenty** [twénti] 트웬티 20
twenty-one [twéntiwʌ̀n] 트웬티 원 21	**twenty-two** [twéntitúː] 트웬티 투 22
thirty [θə́ːrti] 써티 30	**forty** [fɔ́ːrti] 포어티 40
fifty [fífti] 피프티 50	**sixty** [síksti] 식스티 60
seventy [sévənti] 세븐티 70	**eighty** [éiti] 에이티 80
ninety [náinti] 나인티 90	**hundred** [hʌ́ndrəd] 헌드레드 100

thousand [θáuzənd] 싸우전드 1,000

ten thousand [ten θáuzənd] 텐 싸우전드 10,000

hundred thousand [hʌ́ndrəd θáuzənd] 헌드레드 싸우전드 100,000

million [míljən] 밀리언 1,000,000

billion [bíljən] 빌리언 1,000,000,000

07 Ordinal number 서수

* 첫 번째, 두 번째, 세 번째처럼 '순서를 나타내는 수'를 말합니다.

first [fəːrst] 퍼스트 1st	**second** [sékənd] 세컨드 2nd
third [θəːrd] 써드 3rd	**fourth** [fɔːrθ] 포어쓰 4th
fifth [fifθ] 피프쓰 5th	**sixth** [siksθ] 식스쓰 6th
seventh [sévənθ] 세븐쓰 7th	**eighth** [eitθ] 에잇쓰 8th
ninth [nainθ] 나인쓰 9th	**tenth** [tenθ] 텐쓰 10th
eleventh [ilévənθ] 일레번쓰 11th	**twelfth** [twelfθ] 트웰프쓰 12th
thirteenth [θəːrtíːnθ] 써틴쓰 13th	**fourteenth** [fɔːrtíːnθ] 퍼틴쓰 14th
fifteenth [fiftíːnθ] 피프틴쓰 15th	**sixteenth** [sìkstíːnθ] 식스틴쓰 16th
seventeenth [sèvəntíːnθ] 세븐틴쓰 17th	**eighteenth** [èitíːnθ] 에잇틴쓰 18th
nineteenth [nàintíːnθ] 나인틴쓰 19th	**twentieth** [twéntiəθ] 트웬티에쓰 20th
twenty-first [twénti-fəːrst] 트웬티 퍼스트 21st	**twenty-second** [twénti-sékənd] 트웬티 세컨드 22nd
thirtieth [θə́ːrtiəθ] 써티에쓰 30th	**fortieth** [fɔ́ːrtiəθ] 포어티이쓰 40th
fiftieth [fíftiəθ] 피프티이쓰 50th	**sixtieth** [síkstiəθ] 식스티이쓰 60th
seventieth [sévəntiəθ] 세번티이쓰 70th	**eightieth** [éitiəθ] 에이티이쓰 80th
ninetieth [náintiəθ] 나인티이쓰 90th	**hundredth** [hʌ́ndrədθ] 헌드러드쓰 100th

thousandth [θáuzəndθ] 싸우전드쓰 1,000th

ten thousandth [ten θáuzəndθ] 텐 싸우전드쓰 10,000th

hundred thousandth [hʌ́ndrəd θáuzəndθ] 헌드러드 싸우전드쓰 100,000th

millionth [míljənθ] 밀리언쓰 1,000,000th

billionth [bíljənθ] 빌리언쓰 1,000,000,000th

08 Year 년

January
[dʒǽnjuèri] 재뉴에어리
1월

February
[fébruèri] 페브루에어리
2월

March
[máːrtʃ] 마취
3월

April
[éiprəl] 에어프럴
4월

May
[méi] 메이
5월

June
[dʒúːn] 준
6월

July
[dʒuːlái] 줄라이
7월

August
[ɔ́ːgəst] 오거스트
8월

September
[septémbər] 셉템버
9월

October
[aktóubər] 악토우버
10월

November
[nouvémbər] 노벰버
11월

December
[disémbər] 디셈버
12월

spring [spríŋ] 스프링 봄

summer [sʌ́mər] 썸머 여름

autumn [ɔ́ːtəm] 오텀 가을

winter [wíntər] 윈터 겨울

09 Day 요일

- ❶ **Sunday** [sʌ́ndei] 썬데이 일요일
- ❷ **Monday** [mʌ́ndei] 먼데이 월요일
- ❸ **Tuesday** [tjúːzdei] 투즈데이 화요일
- ❹ **Wednesday** [wénzdei] 웬즈데이 수요일
- ❺ **Thursday** [θə́ːrzdei] 써즈데이 목요일
- ❻ **Friday** [fráidei] 프라이데이 금요일
- ❼ **Saturday** [sǽtərdi] 새터데이 토요일
- ❽ **week** [wíːk] 윅 주, 일주일
- ❾ **month** [mʌ́nθ] 먼쓰 월
- ❿ **year** [jíər] 이어 년
- ⓫ **morning** [mɔ́ːrniŋ] 모닝 아침
- ⓬ **afternoon** [ǽftərnún] 애프터눈 오후
- ⓭ **evening** [íːvniŋ] 이브닝 저녁
- ⓮ **night** [náit] 나잇트 밤
- ⓯ **yesterday** [jéstərdèi] 에스터데이 어제
- ⓰ **today** [tədéi] 투데이 오늘
- ⓱ **tomorrow** [təmɔ́ːrou] 터모로우 내일

찐으로 통하는 회화는 따로 있다

기본표현

PART 01

UNIT 01

현지에서 찐으로 통하는 회화는 따로 있다

만남에 관한 표현

가장 많이 쓰이는 회화

어떻게 지내세요?
How's it going?

잘 지냅니다.
Fine, thanks.

오랜만입니다.
Long time no see.

다시 만나서 반갑습니다.
It's good to see you again.

평소에 인사할 때

01 **안녕!**

Hi.
하이

Hello.
헬로

Hi, there. (친한 사람끼리)
하이, 데어

Good morning. (아침인사)
굿 모닝

Good afternoon. (낮인사)
굿 애프터눈

Good evening. (밤인사)
굿 이브닝

Good night. (잠잘 때)
굿 나잇

---

02 **안녕하세요?**

How are you?
하우 아 유?

How are you this morning?
하우 아 유 디스 모닝?

03 오늘은 좀 괜찮으세요?

Are you feeling any better today?

아 유 필링 애니 배러 투데이?

04 주말 잘 보내셨습니까?

How was your weekend?

하우 워즈 유어 위켄드?

05 어제 저녁은 괜찮았습니까?

Did you have a nice evening?

디드 유 해브 어 나이스 이브닝?

06 무슨 좋은 일 있으세요?

Do you get some good news?

두 유 겟 썸 굿 뉴스?

07 옷이 잘 어울립니다.

That's a nice suit(dress).

댓츠 어 나이스 수트(드레스)

08 날씨 참 좋죠?

Beautiful weather, isn't it?

뷰티플 웨더, 이즌ㅌ 잇?

> 안부를 물을 때

01 어떻게 지내세요?

How are you?
하우 아 유?

How's it going?
하우즈 잇 고잉?

What's up?
왓츠 업?

How are you doing these days?
하우 아 유 두잉 디즈 데이즈?

How have you been?
하우 해브 유 빈?

---

02 잘 지냅니다.

Fine, thanks.
파인, 쌩스

Couldn't be better!
쿠든ㅌ 비 베러!

Pretty good.
프리티 굿

Not bad!
낫 베드!

03 덕분에 잘 지냅니다. 당신은요?

I'm fine, thank you. And you?
아임 파인, 땡큐. 앤드 유?

I'm good. How about you?
아임 굿. 하우 어바웃 유?

04 그냥 그래.

Just so so.
저스트 쏘 쏘

Well, about the same.
웰, 어바웃 더 쎄임

Same as usual.
쎄임 애즈 유즈얼

05 좋지 않아요

I'm not very well.
아임 낫 베리 웰

I feel terrible.
아이 필 테러벌

Not so good.
낫 쏘 굿

> 근황을 물을 때

01 어떻게 지내셨습니까?
How have you been doing?
하우 해브 유 빈 두잉?

How have you been getting along lately?
하우 해브 유 빈 겟팅 어롱 레이틀리?

02 새로 하시는 일은 어때요?
How's your new job?
하우즈 유어 뉴 잡?

03 사업은 잘 돼 갑니까?
How is your business going?
하우 이즈 유어 비즈니스 고잉?

04 덕분에 만사가 좋습니다.
Everything's fine, thanks.
애브리씽즈 파인, 땡스

I've been fine, thank you. / So far so good.
아이브 빈 파인, 땡큐 / 쏘 파 쏘 굿

05 그런대로 할만 해요.
I can't complain too much.
아이 캔트 컴플레인 투 머취

06 일은 순조롭게 진행되어 가나요?
Are you making any progress?
아 유 메이킹 애니 프라그레스?

07 그저 안일하게 소일하고 있어요.
I'm just taking one day at a time.
아임 저스트 테이킹 원 데이 앳 어 타임

08 가족들은 모두 잘 있습니까?
How's your family doing?
하우즈 유어 패밀리 두잉?

09 모두들 잘 지내시는지요?
How's everyone getting along?
하우즈 에브리원 겟팅 어롱?

10 모두 잘 있어요.
They are all very well.
데이 아 올 베리 웰

11 미스터 김은 그 회사에서 어떻게 지내지요?
How is Mr. Kim doing in the company?
하우 이즈 미스터 킴 두잉 인 더 컴퍼니?

12 미스터 마커스가 안부 전하더군요.
Mr. Markus sends his regards.
미스터 마커스 샌드즈 히즈 리가드스

13 존은 어떻게 됐어요?
What happened to John?
왓 해펀드 투 존?

14 모르겠어요, 하지만 괜찮을 겁니다.
No news. But I bet he's OK.
노 뉴스. 벗 아이 벳 히즈 오케이

15 10년 전부터 그와 소식이 끊겼어요.
I haven't heard from him since 10 years.
아이 해븐트 허드 프럼 힘 씬스 텐 이얼즈

16 그는 어떻게 지내고 있지요?
How is he getting along?
하우 이즈 히 게팅 어롱?

17 그 사람은 건강하게 잘 지냅니다.
He's in the pink.
히즈 인 더 핑크

 오랜만에 만났을 때

01 오랜만입니다.

It's been a long time. / Long time no see.
잇츠 빈 어 롱 타임 / 롱 타임 노 씨

I haven't seen you in years(months)!
아이 해븐ㅌ 씬 유 인 이얼즈(먼쓰)

I haven't seen you for a while.
아이 해븐ㅌ 씬 유 풔러 와일

---

02 안녕, 존! 오래간만이야.

Hello, John! I haven't seen you for a while.
헬로, 존! 아이 해븐ㅌ 씬 유 풔러 와일

---

03 다시 만나서 반갑습니다. 밀러 씨.

It's nice to see you again, Mr. Miller.
잇츠 나이스 투 씨 유 어게인, 미스터 밀러

---

04 여전하군요.

You haven't changed at all.
유 해븐ㅌ 체인쥐드 앳 올

You look great.
유 룩 그레이트

05 오랫동안 소식 전하지 못해 죄송합니다.
I beg your pardon for my long silence.
아이 백 유어 파던 풔 마이 롱 사일런스

06 세월 참 빠르군요.
Time flies.
타임 플라이즈

07 보고 싶었어요.
I've missed you.
아이브 미스트 유

08 별일 없으십니까?
What's new?
왓츠 뉴?

09 다시 만나서 반갑습니다.
It's good to see you again.
잇츠 굿 투 씨 유 어게인

10 요즘 당신 보기 힘들군요.
I haven't seen much of you lately.
아이 해븐트 씬 머취 어브 유 레이틀리

우연히 만났을 때

01 여기서 당신을 만나다니 뜻밖이군요.
What a surprise to meet you here!
왓 어 서프라이즈 투 밋 유 히어

02 아니 이게 누구예요!
Look who's here! / What a pleasant surprise!
룩 후즈 히어! / 왓 어 프레즌트 서프라이즈!

03 오, 김 선생님, 정말 오랜만이군요.
Oh, Mr. Kim! I haven't seen you for ages.
오, 미스터 킴! 아이 해븐ㅌ 씬 유 풔 에이지즈

04 세상 정말 좁군요.
What a small world.
왓 어 스몰 월드

05 잘 왔다. 기다리고 있었는데.
You're a sight for sore eyes.
유어러 싸잇 풔 소어 아이즈

06 그냥 인사하려고 들렀어요.
I just stopped by to say hello.
아이 저스트 스탑트 바이 투 세이 헬로우

07 여기에 어쩐 일로 오셨어요?

What brings you here?

왓 브링즈 유 히어?

---

08 요즘 우연히 자주 만나는 것 같군요.

We seem to run into each other often, lately.

위 씸 투 런 인투 이치 아더 오펀, 레이틀리

---

09 우리 예전에 만난 적이 있지 않는가요?

We've met before, right?

위브 멧 비풔, 롸잇?

---

10 어머! 이런 데서 당신을 만나다니!

Fancy meeting you here!

팬시 미팅 유 히어!

---

11 그렇지 않아도 너를 만나고 싶었었는데.

You're just the man I wanted to see.

유아 저스트 더 맨 아이 원티드 투 씨

---

12 뉴욕에서 뵙게 되다니 정말 우연의 일치로군요!

What a coincidence meeting you in New York!

왓 어 코우인씨던스 미팅 유 인 뉴욕!

UNIT 02

현지에서 찐으로 통하는 회화는 따로 있다

소개에 관한 표현

가장 많이 쓰이는 회화

처음 뵙겠습니다.
How do you do.

만나서 반갑습니다.
Nice to meet you.

이름이 뭡니까?
What's your name?

마이클 입니다.
I'm Michael.

> 처음 만났을 때

01 처음 뵙겠습니다.

How do you do.
하우 두 유 두

---

02 만나서 반갑습니다.

Nice to meet you.
나이스 투 밋츄

I'm glad to know you.
아임 글래드 투 노우 유

I'm very glad to meet you.
아임 베리 글래드 투 밋츄

---

03 당신을 알게 되어 기쁩니다.

Glad to get to know you.
글래드 투 겟 투 노 유

---

04 저 역시 만나서 반갑습니다.

Glad to meet you, too.
글래드 투 밋츄, 투

---

05 만나 뵙게 되어 대단히 반갑습니다.

Pleased to meet very nice to meet you.
플리즈드 투 밋 베리 나이스 투 밋츄

> 자신을 소개할 때

01 제 소개를 할게요.

May I introduce myself?

메- 아이 인트러듀스 마이셀프?

Perhaps I should introduce myself.

퍼햅스 아이 슈드 인트러듀스 마이셀프

Let me introduce myself.

렛 미 인트러듀스 마이셀프

02 저는 서울에서 왔습니다.

I'm come from Seoul.

아임 컴 프럼 써울

03 저는 부산에서 태어났습니다.

I was born in Busan.

아이 워즈 본 인 부산

04 저는 아직 미혼입니다.

I'm still single.

아임 스틸 씽글

05 저는 이미 결혼했습니다.

I'm already married.

아임 얼레디 메리드

06 저는 대학에 다니고 있습니다.
I am now attending college.
아이 엠 나우 어텐딩 칼리쥐

07 저의 전공은 경제학입니다.
My major is economics.
마이 메이져 이즈 이커너믹스

08 저는 부모님과 함께 살고 있습니다.
I live with my parents.
아이 리브 위드 마이 페어런츠

09 형이 둘 있는데 누나는 없어요.
I have two brothers but no sisters.
아이 해브 투 브라더스 벗 노 시스터스

10 전 독자입니다.
I'm the only son(daughter).
아임 디 온리 썬(도우터)

11 전 독신입니다.
I'm single.
아임 씽글

> 이름을 말할 때

01 이름이 뭡니까?

What's your name?
왓츠 유어 네임?

May(Could) I have your name, please?
메이(쿠드) 아이 해브 유어 네임, 플리즈?

---

02 어떻게 불러야 할까요?(이름을 물을 때)

What should I call you?
왓 슈드 아이 콜 유?

How should I address you?
하우 슈드 아이 애드레스 유?

What do they call you?
왓 두 데이 콜 유?

---

03 로리라고 불러 주세요. 그게 제 이름이에요.

Please call me Lori. That's my first name.
플리즈 콜 미 로리. 댓츠 마이 퍼스트 네임

---

04 마이클 입니다.

I'm Michael.
아임 마이클

> 사람을 부를 때

01 피터 씨. (남자를 지칭할 때)
Mr. Peter.
미스터 피터

02 피터 씨 부인. (결혼한 타인의 부인을 지칭할 때)
Mrs. Peter.
미시즈 피터

03 헬렌 양. (미혼인 여성을 지칭할 때)
Miss Helen.
미스 헬렌

04 저, 여보세요. (모르는 남자를 부를 때)
Sir? / Excuse me, sir.
써-? / 익스큐즈 미, 써-

05 저, 여보세요. (모르는 여자를 부를 때)
Ma'am? / Excuse me ma'am.
맴? / 익스큐즈 미 맴

06 신사 숙녀 여러분!
Ladies and gentlemen!
레이디스 앤 젠틀맨!

01 밀러씨, 내 친구 제인을 소개할게요.

Mr. Miller, I'd like you to meet my friend jane.

미스터. 밀러, 아이드 라잌 유 투 밋 마이 프렌드 제인

02 두 분이 서로 인사 나누셨습니까?

Have you two met each other yet?

해브 유 투 맷 이치 아더 옛?

03 이쪽은 제 동료인 토마스 씨입니다.

This is a colleague of mine, Mr. Thomas.

디스 이즈 어 칼리그 어브 마인, 미스터 토마스

04 저는 미스터 김이고, 이쪽은 제 아내 미시즈 홍입니다.

I'm Mr. Kim and this is my wife, Mrs. Hong.

아임 미스터 킴 앤 디씨즈 마이 와잎, 미시즈 홍

05 처음 뵙겠습니다. 김 선생님.

How do you do, Mr. Kim?

하우 두 유 두, 미스터 킴?

06 제 친구 미스터 존슨을 소개하죠.

Let me introduce my friend, Mr. Johnson.

렛 미 인튜러듀스 마이 프랜드, 미스터 존슨

07 스미스씨, 이분이 미스터 존슨입니다.

Mr. Smith, this is Mr. Johnson.

미스터 스미쓰, 디스 이즈 미스터 존슨

08 전에 한번 뵌 적이 있는 것 같습니다.

I think I've seen you before.

아이 씽 아이브 씬 유 비포어

Haven't we met before?

해븐트 위 멧 비포어?

I must have seen you somewhere before.

아이 머스트 해브 씬 유 썸웨어 비포어

09 누구시더라?

Do I know you?

두 아이 노 유?

10 친숙해 뵈는데요.

You look very familiar.

유 룩 베리 패밀리어

11 우린 여러 번 당신 이야기를 했었지요.

We have talked of you often.

위 해브 톡트 어브 유 오픈

12 저 사람이 바로 당신이 말하던 그 사람입니까?

Is that the man you told me about?
이즈 댓 더 맨 유 톨드 미 어바웃?

13 성함을 확실히 듣지 못했습니다.

I didn't quite catch your name.
아이 디든트 콰잇 캣츄어 네임

I'm sorry. I didn't get your name.
아임 쏘리. 아이 디든트 겟 유어 네임

14 미스터 존슨이 당신에 대해 자주 말씀하셨습니다.

Mr. Johnson often speaks of you.
미스터 존슨 오픈 스픽스 어브 유

15 오래전부터 한 번 찾아뵙고 싶었습니다.

I've been wanting to see you for a long time.
아이브 빈 원팅 투 씨 유 풔러 롱 타임

16 미스터 김입니다. 잘 부탁합니다.

I'm Mr. Kim at your service.
아임 미스터 킴 앳 유어 서비스

그 밖의 소개에 관한 표현

01 우리 좋은 친구가 되었으면 합니다.

I hope we become good friends.

아이 홉 위 비컴 굿 프랜즈

02 이건 제 명함입니다.

This is my business card.

디스 이즈 마이 비즈니스 카드

03 명함 한 장 주시겠어요?

May I have your name card?

메- 아이 해브 유어 네임 카드?

04 만나서 매우 반가웠습니다.

I was very glad to meet you.

아이 워즈 베리 글래드 투 밋츄

05 나는 그를 얼굴만 알고 있습니다.

I know him by sight.

아이 노우 힘 바이 싸잇

06 국적이 어디시죠?(어느 나라 분이십니까?)

What's your nationality?

왓츠 유어 내셔낼러티?

현지에서 찐으로 통하는 회화는 따로 있다

고마움에 관한 표현

가장 많이 쓰이는 회화

친절히 도와주셔서 감사합니다.
Thank you for your kind help.

천만에요.
It was my pleasure.

자, 선물 받으세요.
I have a small gift for you.

감사합니다.
Thanks a lot.

고마움을 말할 때

01 감사합니다.

Thank you. / Thanks.
땡큐 / 땡스

Thanks a lot.
땡스 어 랏

I heartily thank you.
아이 하틀리 땡큐

I appreciate it very much.
아이 어프리쉬에이드 잇 베리 머취

Thank you for everything.
땡큐 풔 에브리씽

How can I ever thank you?
하우 캔 아이 에버 땡큐?

I can never thank you enough.
아이 캔 네버 땡큐 이너프

I'm deeply grateful.
아임 디플리 그레잇펄

I don't know how to thank you enough.
아이 돈트 노 하우 투 땡큐 유 이너프

02 친절히 도와 주셔서 감사합니다.

Thank you for your kind help.
땡큐 풔 유어 카인드 헬프

03 가르쳐 줘서(조언해 줘서) 감사합니다.

Thank you for the tip.
땡큐 풔 더 팁

04 여러모로 고려해 주셔서 정말 고맙게 생각합니다.

I appreciate your consideration.
아이 어프리쉬에이트 유어 컨시더레이션

05 태워다 주셔서 감사합니다.

Thank you for giving me a lift.
땡큐 풔 기빙 미 어 리프트

06 친절을 베풀어 주셔서 감사합니다.

Thank you for kindness.
땡큐 풔 카인니스

07 큰 도움이 되었어요.

You've been a great help.
유브 빈 어 그레잇 핼프

08 동반해 주셔서 즐겁습니다.
I enjoy your company.
아이 엔죠이 유어 컴퍼니

09 당신 덕분에 오늘 정말 재미있게 보냈습니다.
I had wonderful time being with you.
아이 해드 원더플 타임 빙 위드 유

10 훌륭한 저녁 식사였어요.
That was a wonderful dinner.
댓 워즈 어 원더플 디너

11 같이 보낸 모든 순간이 정말 재미있었습니다.
I've enjoyed every moment we've had together.
아이브 엔죠이드 애브리 모먼트 위브 해드 투게더

12 걱정해 주셔서 고맙습니다.
Thank you for your concern.
땡큐 풔 유어 컨선

13 신세를 졌습니다.
I'm in your debt.
아임 인 유어 댓

고마움에 대한 응답을 할 때

01 천만에요.

You're welcome. / Don't mention it.
유어 웰컴 / 돈트 멘션 잇

The pleasure is all mine.
더 프레져 이즈 올 마인

It was really nothing.
잇 워즈 리얼리 낫씽

No big deal. / It's nothing.
노 빅 딜 / 잇츠 낫씽

It was my pleasure. / It's my pleasure.
잇 워즈 마이 프레져 / 잇츠 마이 프레져

The pleasure's all mine. / Not at all.
더 프레져스 올 마인 / 낫 앳올

02 당신도요.

The same to you.
더 쎄임 투 유

03 그렇게 말씀해 주시니 고맙습니다.

It's very nice of you to say so.
잇츠 베리 나이스 어뷰 투 쎄이 쏘

04 수고해 주셔서 감사합니다.
Thank you for your trouble.
땡큐 풔 유어 트러블

05 수고랄 게 있나요 뭐.
It was no trouble at all.
잇 워즈 노 트러블 앳 올

06 도움이 될 수 있어서 기쁩니다.
I'm glad to help you.
아임 글래드 투 헬프 유

07 너무 대단한 일로 생각하지 마세요.
Don't make too much of it.
돈트 메잌 투 머치 어브 잇

08 당신에게 신세를 무척 많이 졌습니다.
I owe you so much.
아이 오우 유 소 머치

09 그렇게 말씀해 주시니 기쁩니다.
How kind of you to say so.
하우 카인드 어브 유 투 세이 소

선물을 주고 받을 때

01 자, 선물 받으세요.

Here's something for you.
히어즈 썸씽 풔 유

I have a small gift for you.
아이 해브 어 스몰 기프트 풔 유

I bought something for you.
아이 밧 썸씽 풔 유

---

02 조그만 축하 선물을 가지고 왔어요.

I brought you a little congratulatory gift.
아이 브로트 유 어 리틀 컨그레츄러터리 기프트

---

03 보잘것 없는 것이지만 받아 주십시오.

Kindly accept this little trifle.
카인들리 억셉트 디스 리틀 트라이펄

---

04 이 선물은 제가 직접 만든 거예요.

This gift is something I made myself.
디스 기프트 이즈 썸씽 아이 메이드 마이셀프

---

05 대단치 않지만 마음에 들었으면 합니다.

It isn't much but I hope you like it.
잇 이즌ㅌ 머취 벗 아이 홉 유 라일 잇

06 이거 정말 저한테 주는 겁니까?

Is this really for me?

이즈 디스 리얼리 풔 미?

---

07 정말 고맙지만, 받을 수 없습니다.

Thank you very much, but I can't accept it.

땡큐 베리 머치, 벗 아이 캔ㅌ 억셉팃

---

08 이건 바로 제가 갖고 싶었던 거예요.

This is just what I wanted.

디스 이즈 저스트 왓 아이 원티드

---

09 아, 이러시면 안 되는데요. 받기 곤란합니다.

Oh, you shouldn't do this. I can't accept it.

오, 유 슈든트 두 디스. 아이 캔ㅌ 억셉팃

---

10 당신의 선물을 무엇으로 보답하죠?

What shall I give you in return for your present?

왓 쉘 아이 기브 유 인 리턴 풔 유어 프레젠트?

---

11 훌륭한 선물을 주셔서 대단히 고맙습니다.

Thank you very much for your nice present.

땡큐 베리 머취 풔 유어 나이스 프레젠트

현지에서 찐으로 통하는 회화는 따로 있다

UNIT 04 사과&사죄에 관한 표현

가장 많이 쓰이는 회화

늦어서 미안합니다.
I'm sorry. I'm late.

괜찮습니다.
It doesn't matter.

저의 사과를 받아 주세요.
Please accept my apology.

또 그러면 안돼.
You can't do that again.

사과할 때

01 미안합니다.

So sorry.
쏘 쏘리

I'm really sorry.
아임 리얼리 쏘리

I'm very sorry.
아임 베리 쏘리

I'm awfully sorry.
아임 어풀리 쏘리

I'm sorry for everything.
아임 쏘리 풔 에브리씽

I'm sorry about that.
아임 쏘리 어바웃 댓

---

02 늦어서 미안합니다.

I'm sorry. I'm late.
아임 쏘리. 아임 레잇

Excuse me for being late.
익스큐즈 미 풔 빙 레이트

03 실수에 대해 사과드립니다.
I apologize for the mistake.
아이 어펄러자이즈 풔 더 미스테잌

04 실례하겠어요.(미안합니다.)
Excuse me.
익스큐즈 미

05 귀찮게 해서 미안합니다.
I'm sorry to have to trouble you.
아임 쏘리 투 해브 투 트러블 유

06 오래 기다리게 해서 미안합니다.
I'm sorry to have you wait so long.
아임 쏘리 투 해브 유 웨잇 쏘 롱

07 단지 제 탓이죠.
I can only blame myself.
아이 캔 온리 블레임 마이셀프

08 미안해요, 어쩔 수가 없었어요.
I'm sorry, I couldn't help it.
아임 쏘리, 아이 쿠든ㅌ 핼프 잇

09 시간을 너무 많이 빼앗아 죄송합니다.

I'm sorry to have taken so much of your time.

아임 쏘리 투 해브 테이큰 쏘 머취 어브 유어 타임

10 폐를 끼치고 싶지 않습니다.

I don't want to bother you.

아이 돈트 원 투 바덜 유

11 고의로 그런 게 아닙니다.

My intentions were good.

마이 인텐션즈 워 굿

12 그럴 생각은 추호도 없었습니다.

I really didn't mean it at all.

아이 리얼리 디든트 민 잇 앳 올

13 기분을 상하게 해드리지는 않았는지 모르겠네요.

I hope I didn't offend you.

아이 홉 아이 디든트 어펜드 유

14 실례했습니다. 사람을 잘못 봤습니다.

Excuse me. I got the wrong person.

익스큐즈 미. 아이 갓 더 륑 퍼슨

15 미안합니다. 제가 날짜를 혼동했군요.

I'm sorry, I'm mixed up on the days.

아임 쏘리, 아임 믹스트 업 온 더 데이즈

16 내가 말을 잘못했습니다.

It was a slip of the tongue.

잇 워즈 어 슬립 어브 더 텅

17 내 잘못이었어요.

It was my fault.

잇 워즈 마이 폴트

18 그건 제가 생각이 부족했기 때문이에요.

That was thoughtless of me.

댓 워즈 쏘틀리스 어브 미

19 그건 저의 부주의 탓이었어요.

That was careless of me.

댓 워즈 케얼레스 어브 미

20 저도 참 바보 같았어요.

That was foolish of me.

댓 워즈 풀리쉬 어브 미

용서를 구할 때

01 저의 사과를 받아 주세요.
Please accept my apology.
플리즈 억셉트 마이 어팔러지

02 용서해 주십시오.
Please forgive me.
플리즈 풔기브 미

03 기회를 한 번 주세요.
Give me a break, please.
깁 미 어 브레익, 플리즈

04 제가 범한 실수에 대해 사과드리고 싶습니다.
I want to apologized to you for my mistake.
아이 원 투 어팔러자이즈드 투 유 풔 마이 미스테익

05 약속을 지키지 못한 걸 용서해 주세요.
Please forgive me for breaking the promise.
플리즈 풔기브 미 풔 브레이킹 더 프라미스

06 꼭 보상해 드리도록 하겠습니다.
I promise I'll make it up to you.
아이 프라미스 아윌 메일 잇 업 투 유

사과·용서에 대한 응답

01 괜찮습니다.

That's all right. / That's Okay.
댓츠 올 롸잇 / 댓츠 오케이

It doesn't matter.
잇 더즌ㅌ 매러

Don't worry about it.
돈ㅌ 워리 어바우팃

No sweat. / No problem.
노 스웻 / 노 프라블럼

---

02 걱정하지 마세요.

Don't worry about that.
돈ㅌ 워리 어바웃 댓

---

03 이번이 마지막이야.

This will be the last time.
디스 윌 비 더 라스트 타임

---

04 당신을 용서하겠어요.

You're forgiven.
유어 풔기븐

05 좋아요, 받아들이죠.
All right. You're accepted.
올 롸잇. 유어 억셉티드

06 괜찮아, 잊어버려.
Forgive and forget.
퍼기브 앤드 퍼겟

07 이번에는 자네 행동을 눈감아 주겠네.
I will overlook your behavior this time.
아윌 오버룩 유어 비해이버 디스 타임

08 또 그러면 안돼.
You can't do that again.
유 캔트 두 댓 어겐

09 당신의 실수를 묵과 할 수 없어요.
I can't pass over your mistake.
아이 캔트 패스 오버 유어 미스테익

10 같은 실수를 다시 하면 안돼!
You shouldn't make the same mistake again!
유 슈든트 메익 더 쎄임 미스테익 어겐

현지에서 찐으로 통하는 회화는 따로 있다

축하&환영에 관한 표현

가장 많이 쓰이는 회화

결혼을 축하합니다.
Congratulations on your wedding!

아주 기쁘시겠군요.
You must be very pleased.

새해 복 많이 받으세요.
Happy new year!

새해에는 모든 행운이 깃들기를!
All the best for the New Year!

환영할 때

01 저는 새로 온 비서 미스 김입니다.
I'm Miss Kim, the new secretary, here.
아임 미스 킴, 더 뉴 세크러테리, 히어

02 안녕하세요. 미스 김. 입사를 축하합니다.
Hi, Miss Kim. Welcome aboard.
하이, 미스 킴. 웰컴 어보어드

03 같이 일하게 되어 반갑습니다.
Glad to have you with us.
글래드 투 해브 유 위드 어스

04 함께 일하게 된 것에 기대가 큽니다.
I'm looking forward to working with you.
아임 룩킹 퍼워드 투 워킹 위드 유

05 저의 집에 오신 것을 환영합니다.
Welcome to my home.
웰컴 투 마이 홈

06 한국에 오신 것을 환영합니다.
Welcome to Korea.
웰컴 투 코리아

축하할 때

01 축하할 일이 생겼다면서요.

I hear congratulations are in order.

아이 히어 컹그래춰래이션스 아 인 오더

02 승진을 축하합니다.

Congratulations on your promotion!

컹그래춰래이션스 안 유어 프로모션!

03 고맙습니다. 운이 좋았던 것 같아요.

Oh, thanks. I think I was lucky.

오, 땡스. 아이 씽크 아이 워즈 럭키

04 생일을 축하합니다.

Happy birthday to you!

해피 벌스데이 투 유!

05 놀랐지? 생일 축하해!

Surprise! Happy birthday!

써프라이즈! 해피 벌스데이!

06 결혼을 축하합니다.

Congratulations on your wedding!

컹그래춰래이션스 안 유어 웨딩!

07 고마워. 난 네가 또 잊어버린 줄 알았어.
Thank you, I thought you forgot again.
땡큐, 아이 쏘트 유 퐈갓 어게인

08 두 분이 행복하시길 빕니다.
May you both be happy!
메 유 보쓰 비 해피!

09 부인이 임신하셨다면서요? 축하해요.
I hear your wife was expecting. Congratulations.
아이 히어 유어 와입 워즈 익스펙팅. 컹그래춰래이션스

10 출산을 축하합니다.
Congratulations on your new baby!
컹그래춰래이션스 안 유어 뉴 베이비!

11 아주 기쁘시겠군요.
You must be very pleased.
유 머스트 비 베리 플리즈드

12 성공을 축하드립니다.
Congratulations on your success!
컹그래춰래이션스 안 유어 석쎄스!

기원·축복을 할 때

01 새해 복 많이 받으세요.

Happy new year!

해피 뉴 이어!

---

02 새해에는 모든 행운이 깃들기를!

All the best for the New Year!

올 더 베스트 풔 더 뉴 이어!

---

03 즐거운 크리스마스 보내세요.

Merry Christmas!

메리 크리스머스!

---

04 즐거운 명절 되세요!

Happy Holidays!

해피 홀러데이즈!

---

05 성공을 빕니다.

May you succeed!

메이 유 썩시드!

---

06 당신에게 신의 축복이 있기를!

God bless you!

갓 블레스 유!

07 모든 일이 잘 되기를 바라요.

I hope everything will come out all right.

아이 홉 애브리씽 윌 컴 아웃 올 롸잇

08 행운을 빌게요.

Good luck to you.

굿 럭 투 유

09 당신도요.

Same to you.

쎄임 투 유

10 더 나은 해가 되길 바랍니다.

I hope you'll have a better year.

아이 홉 유윌 해브 어 베러 이어

I wish you the best of luck.

아이 위쉬 유 더 베스트 어브 럭

11 행복하길 빌겠습니다.

I hope you'll be happy.

아이 홉 유윌 비 해피

현지에서 찐으로 통하는 회화는 따로 있다

작별에 관한 표현

가장 많이 쓰이는 회화

가봐야 할 것 같네요.
I'm afraid I have to go.

다음에 뵙겠습니다.
See you later.

오늘밤은 정말 재미있었습니다.
I had lots of fun tonight.

그럼, 다음에 뵐게요. 안녕히 계세요.
Well, see you later. Good bye.

> 자리에서 일어날 때

01 가봐야 할 것 같네요.

I'm afraid I have to go.
아임 어프레이드 아이 해브 투 고

I've got to be on my way.
아이브 갓 투 비 안 마이 웨이

Now I gotta be off.
나우 아이 거터 비 오프

I must be going now.
아이 머스트 비 고잉 나우

I'll leave now.
아윌 리브 나우

---

02 여기서 작별인사를 해야겠어요.

I'll say goodbye here, then.
아윌 쎄이 굿바이 히어, 댄

We'd better say goodbye.
위드 배더 쎄이 굿바이

---

03 이제 일어서는 게 좋을 것 같네요.

I'm afraid I'd better be leaving.
아임 어프레이드 아이드 배러 비 리빙

04 아, 벌써 아홉 시입니까? 가 봐야겠네요.
Oh, is it 9 already? I must go.
오, 이즈 잇 나인 올레디? 아이 머스트 고

05 그럼, 저 가볼게요.
Well, I'd better be on my way.
웰, 아이드 배터 비 안 마이 웨이

06 너무 늦은 것 같군요. / 너무 오래 있었네요.
I'm afraid I stayed too long.
아임 어프레이드 아이 스테이드 투 롱

07 나는 급히 가야 돼요.
I'm in a hurry.
아임 인 어 허리

08 이런 말씀 드려서 죄송하지만, 전 이제 가 봐야겠어요.
I'm sorry to say this, but I've got to go.
아임 쏘리 투 쎄이 디스, 벗 아이브 갓 투 고

09 11시까지 집에 도착해야 합니다.
I must be home by eleven.
아이 머스트 비 홈 바이 일레븐

10 마음껏 즐겼습니다.
I enjoyed myself very much.
아이 인죠이드 마이셀프 베리 머취

11 당신을 알게 되어 기쁩니다.
I'm glad to have met you.
아임 글래드 투 해브 멧 유

12 정말로 식사 잘 했습니다.
I really enjoyed the meal.
아이 리얼리 인죠이드 더 밀

13 오늘밤은 정말 재미있었습니다.
I had lots of fun tonight.
아이 해드 랏츠 어브 펀 투나잇

14 멋진 파티 정말 고맙게 생각해요.
Thank you very much for a wonderful party.
탱큐 베리 머취 풔러 원더플 파티

15 그럼, 다음에 뵐게요. 안녕히 계세요.
Well, see you later. Good bye.
웰, 씨 유 래이더. 굿 바이

자리에서 일어서는 사람에게 말할 때

01 좀 더 계시다 가시면 안 돼요?

Can't you stay a little longer?

캔트 유 스테이 어 리를 롱거?

---

02 지금 가신다는 말입니까?

Do you mean you're going now?

두 유 민 유어 고잉 나우?

---

03 그렇게 서둘러 떠나지 마세요.

Please don't be in such a hurry.

플리즈 돈트 비 인 서치 어 허리

---

04 계시다가 저녁 드시고 가시지 그러세요.

Would you like to stay for dinner?

우드 유 라잌 투 스테이 풔 디너?

Won't you stay for dinner?

워운트 스테이 풔 디너?

---

05 오늘밤 재미있었어요?

Did you have fun tonight?

디드 유 해브 펀 투나잇?

06 오늘 즐거우셨어요?

Did you have a good time today?
디드 유 해브 어 굿 타임 투데이?

07 다시 만날 수 있을까요?

Can we meet again?
캔 위 밋 어게인?

08 또 오세요.

Come again.
컴 어겐

09 제가 바래다 드릴까요? (자동차로)

Can I give you a lift?
캔 아이 기뷰어 리프트?

10 운전 조심하세요.

Drive carefully.
드라이브 케어풀리

11 조심해!

Take care.
테일 케어

헤어질 때

01 안녕.

Bye. / Good bye.
바이 / 굿 바이

02 다음에 뵙겠습니다.

See you later.
씨 유 레이러

I'll see you later!
아윌 씨 유 레이러!

I'll be seeing you!
아윌 비 씽 유!

03 재미있는 시간 보내세요.

Have a good time.
해브 어 굿 타임

04 즐거운 하루 보내세요.

Have a good day.
해브 어 굿 데이

05 안녕히 계세요. / 살펴 가세요.

Take care. / Take care of yourself.
테잌 케어 / 테잌 케어 어브 유어셀프

06 재미있게 보내!

Enjoy yourself!

인죠이 유어셀프!

---

07 좀 더 자주 만납시다.

Let's meet more often.

렛츠 밋 모어 오픈

---

08 가끔 놀러 오세요.

Please come and see me once in a while.

플리즈 컴 앤 씨 미 원스 인 어 와일

---

09 조만간에 한 번 만납시다.

Let's get together soon.

렛츠 겟 투게더 쑨

---

10 언제라도 전화하세요.

Please call me any time.

플리즈 콜 미 애니 타임

---

11 거기에 도착하시는 대로 저한테 전화 주세요.

Phone me as soon as you get there.

폰 미 애즈 쑨 애즈 유 겟 데어

 그 밖의 표현

01 당신 가족에게 제 안부 전해 주세요.
Don't forget me to your family.
돈ㅌ 풔겟 미 투 유어 패밀리

02 나중에 저희 집으로 초대하고 싶은데요.
I want to invite you to my home some time.
아이 원츄 인바이트 유 투 마이 홈 썸 타임

03 잘 있어요. 몸 건강하게.
Goodbye and keep well.
굿바이 앤 킵 웰

04 대화가 즐거웠어요.
I enjoyed talking with you.
아이 인죠이드 톡킹 위드 유

05 종종 연락할게요.
I'll keep in touch.
아윌 킵 인 터치

06 여러분 모두가 보고 싶을 겁니다.
I shall miss all of you.
아이 쉘 미쓰 올 어브 유

찐으로 통하는 회화는 따로 있다

일상표현

PART 02

UNIT 01

현지에서 찐으로 통하는 회화는 따로 있다

가족관계에 관한 표현

가장 많이 쓰이는 회화

가족에 대해 좀 말씀해 주시겠습니까?
Please tell me about your family.

우리 가족은 매우 화목해요.
We are a very harmonious family.

아이들이 있습니까?
Do you have any children?

저희는 아이가 없습니다.
We have no children.

가족에 대해 말할 때

01 가족은 몇 분이나 됩니까?

How many people are there in your family?

하우 메니 피플 아 데어린 유어 패밀리?

02 식구는 많습니까?

Do you have a large family?

두 유 해브 어 라지 패밀리?

03 가족에 대해 좀 말씀해 주시겠습니까?

Please tell me about your family.

플리즈 텔 미 어바웃 유어 패밀리

04 우리는 대가족입니다.

We have a large family.

위 해브 어 라쥐 패밀리

05 우리 식구는 다섯 명입니다.

There are five in my family.

데어라 파이브 인 마이 패밀리

06 부모님과 함께 사세요?

Do you live with your parents?

두 유 리브 위 유어 패어런츠?

07 형제나 자매가 있습니까?

Do you have any brothers and sisters?

두 유 해브 에니 브라더즈 앤 씨스터즈?

08 형 한 명과 누나 두 명이 있습니다.

I have a brother and two older sisters.

아이 해브 어 브라더 앤 투 올더 씨스터스

09 난 독자예요. 당신은 어때요?

I'm an only child. How about you?

아임 언 온리 촤일드. 하우 어바웃 유?

10 저는 부모님과 같이 살고 있습니다.

I live with my parents.

아이 리브 위드 마이 패어런츠

11 저는 부모님과 잘 지냅니다.

I get along well with my parents.

아이 겟 어롱 웰 위드 마이 패어런츠

12 당신 아버지는 무슨 일을 하십니까?

What does your dad do?

왓 더즈 유어 대드 두?

13 부모님은 연세가 어떻게 되십니까?

How old are your parents?

하우 올드 아 유어 패어런츠?

14 남편은 어떤 일을 하세요?

What does your husband do for a living?

왓 더즈 유어 허즈번드 두 풔러 리빙?

15 부인이 하는 일이 있습니까?

Does your wife work?

더즈 유어 와잎 워크?

16 우리 가족은 매우 화목해요.

We are a very harmonious family.

위 아러 베리 하모니어스 패밀리

17 가족은 저에게 중요합니다.

Family is important to me.

패밀리 이즈 임폴턴트 투 미

18 가족들이 무척 그리워져요.

I feel homesick for my family.

아이 필 홈씩 풔 마이 패밀리

자녀에 대해 말할 때

01 아이들은 몇 명이나 됩니까?

How many children do you have?

하우 메니 췰드런 두 유 해브?

---

02 저희는 아이가 없습니다.

We have no children.

위 해브 노 췰드런

---

03 아이는 언제 가질 예정입니까?

When are you going to have children?

웬 아 유 고잉 투 해브 췰드런?

---

04 4살 된 아들 하나가 있습니다.

I have a four-year old son.

아이 해브 어 풔-이어 올드 썬

---

05 아이들이 있습니까?

Do you have any children?

두 유 해브 에니 췰드런?

---

06 아이들이 셋 있어요. 딸 둘하고, 아들 하나입니다.

I've got three children. Two daughters and a son.

아이브 갓 쓰리 췰드런. 투 도럴스 앤 어 썬

07 아들만 둘이고 딸은 없습니다.

I have two sons, but no girls.

아이 해브 투 썬스, 벗 노 걸스

08 그 애의 이름은 무엇입니까?

What's his(her) name?

왓츠 히즈(허) 네임?

09 그 애 이름은 리타에요.

Her name is Rita.

허 네임 이즈 리타

10 그 애들은 몇 살이죠?

How old are they? / What are their ages?

하우 올드 아 데이? / 왓 아 데어 에이지즈?

11 그 애들은 학교에 다니나요?

Do they go to school?

두 데이 고 투 스쿨?

12 아니오, 그 애들은 아직 어려요.

No, they don't. They're still young.

노, 데이 돈ㅌ. 데이 아 스틸 영

UNIT 02

현지에서 찐으로 통하는 회화는 따로 있다

나이&생일에 관한 표현

가장 많이 쓰이는 회화

몇 살이세요?
How old are you?

서른 다섯입니다.
I'm 35 years old.

생일이 언제입니까?
What's your birthday?

제 생일은 3월 14일 이에요.
My birthday is March 14.

나이를 말할 때

01 몇 살이세요?

How old are you?
하우 올드 아 유?

May I ask how old you are?
메- 아이 애스크 하우 올드 유 아?

What's your age?
왓츄어 에이쥐?

Could you tell me your age?
쿠쥬 텔 미 유어 에이쥐?

02 서른 다섯입니다.

I'm 35 years old.
아임 써티 파이브 이어즈 올드

03 20대 초반입니다.

I'm in my early twenties.
아임 인 마이 얼리 트웬티즈

04 30대 후반입니다.

I'm in my late thirties.
아임 인 마이 레이트 써티즈

05 40대입니다.
I'm in my forwties.
아임 인 마이 포티즈

06 저는 당신과 동갑입니다.
I'm just your age.
아임 저스트 유어 에이쥐

07 저와 동갑이군요.
You're my age.
유어 마이 에이쥐

08 저보다 3살 위이군요.
You're three years older than me.
유어 쓰리 이어즈 올더 댄 미

09 그가 몇 살인지 물어봐도 될까요?
May I ask how old he is?
메- 아이 애스크 하우 올드 히 이즈?

10 제가 몇 살인지 추측해 보세요.
Guess how old I am.
게스 하우 올드 아이 엠

생일을 말할 때

01 생일이 언제입니까?

What's your birthday?
왓츠 유어 벌쓰데이?

What date is your birthday?
왓 데잇티즈 유어 벌쓰데이?

02 며칠에 태어났어요?

What date were you born?
왓 데이트 워 유 본?

03 몇 년도에 태어나셨어요?

What year were you born?
왓 이어 워 유 본?

04 저는 2000년에 태어났어요.

I was born in 2000.
아이 워즈 본 인 투싸우젼드

05 제 생일은 3월 14일 이에요.

My birthday is March 14th.
마이 벌쓰데이 이즈 마취 풔틴쓰

현지에서 찐으로 통하는 회화는 따로 있다

주거&출신&종교에 관한 표현

가장 많이 쓰이는 회화

고향은 어디세요?
Where are you from?

서울입니다.
I'm from Seoul.

무슨 종교를 믿습니까?
What religion do you profess?

저는 기독교 신자입니다.
I'm a Christian.

고향과 출신지를 말할 때

01 고향은 어디세요?

Where are you from?

웨어 아 유 프럼?

---

02 국적이 어디십니까?

What's your nationality?

왓츠 유어 내셔낼러티?

---

03 미국입니다.

I'm from The United States.

아임 프럼 디 유나이트 스테이츠

---

04 당신은 어디에서 오셨습니까?

Where do you come from?

웨어 두 유 컴 프럼?

---

05 태어나서 자란 곳이 어디입니까?

Where were you born and raised?

웨어러 유 본 앤 레이지드?

---

06 서울입니다. / 서울에서 자랐어요.

I'm from Seoul. / I grew up in Seoul.

아임 프럼 써울 / 아이 그루 업 인 서울

거주지를 말할 때

01 어디에서 사세요?

Where do you live?

웨어 두 유 리브?

---

02 서울 교외에서 살고 있어요.

I live in the suburbs of Seoul.

아이 리브 인 더 써버브즈 어브 서울

---

03 여기서 먼 곳에 살고 계세요?

Do you live far from here?

두 유 리브 퐈 프럼 히어?

---

04 이 근처에 살고 있어요.

I'm living near here.

아임 리빙 니어 히어

---

05 그곳에서 얼마나 사셨어요?

How long have you lived there?

하우 롱 해브 유 리브드 데어?

---

06 주소가 어떻게 됩니까?

What's your address?

왓츄 유어 애드레스?

종교를 말할 때

01 무슨 종교를 믿습니까?
What religion do you profess?
왓 릴리젼 두 유 프러페스?

02 저는 기독교 신자입니다.
I'm a Christian.
아임 어 크리스쳔

03 신의 존재를 믿으세요?
Do you believe in God?
두 유 빌리브 인 가드?

04 저는 천주교를 믿습니다.
I believe in Catholicism.
아이 빌리브 인 커쏠러시점

05 저는 불교 신자입니다.
I'm Buddhist.
아임 부디스트

06 저는 종교가 없습니다.
I'm not a religious person.
아임 낫 어 릴리져스 퍼슨

현지에서 찐으로 통하는 회화는 따로 있다
날씨&계절에 관한 표현

가장 많이 쓰이는 회화

오늘 날씨 어때요?
What's the weather like today?

오늘은 날씨가 화창하군요.
It's a beautiful day today.

비가 올 것 같아요.
It looks like it's going to rain.

눅눅해요.
It's humid.

> 날씨에 대해 말할 때

01 오늘 날씨 어때요?

What's the weather like today?

왓츠 더 웨더 라잌 투데이?

---

02 바깥 날씨가 어떻습니까?

How is the weather out there?

하우 이즈 더 웨더 아웃 데어?

---

03 서울 날씨가 어떻습니까?

What's the weather like in Seoul?

왓츠 더 웨더 라잌 인 서울?

---

04 이런 날씨 좋아하세요?

Do you like this kind of weather?

두 유 라잌 디스 카인드 어브 웨더?

---

05 날씨가 참 좋죠?

Isn't it a wonderful day?

이즌ㅌ 잇 어 원더풀 데이?

---

06 오늘은 날씨가 화창하군요.

It's a beautiful day today.

잇츠 어 뷰리플 데이 투데이

07 금년에 황사 수치가 가장 높네요.
Yellow dust readings were the highest in this year.
엘로우 더스트 리딩즈 워 더 하이스트 인 디스 이어

08 날씨가 정말 우중충하군요.
It's lovely weather for ducks.
잇츠 러블리 웨더 풔 덕스

09 비가 올 것 같아요.
It looks like it's going to rain.
잇 룩스 라익 잇츠 고잉 투 레인

10 비가 오락가락 하군요.
It is raining on and off.
잇 이즈 레이닝 안 앤 어프

11 비가 올 것 같으니 우산을 가지고 가세요.
Since it looks like raining, take your umbrella.
씬스 잇 룩스 라익 레이닝, 테익 유어 엄브랠러

12 정말 덥군요.
It's terribly hot.
잇츠 테러블리 핫

13 이 안은 무척 덥군요.

It sure is hot in here.

잇 슈어 이즈 핫 인 히어

14 오늘은 정말 춥군요, 그렇죠?

It's really cold today, isn't it?

잇츠 리얼리 콜드 투데이, 이즌ㅌ 잇?

15 날씨가 점점 추워지고 있어요.

It's getting colder and colder.

잇츠 겟팅 콜더 앤 콜더

16 함박눈이 내려요.

It snows in large flakes.

잇 스노우즈 인 라쥐 플랙스

17 바람이 세차게 부는군요.

How it blows!

하우 잇 블로우즈!

18 안개 때문에 아무것도 안 보여요.

I can't see anything because of the fog.

아이 캔ㅌ 씨 애니씽 비커즈 어브 더 포그

19 안개가 곧 걷힐 거예요.

The fog will soon lift.

더 포그 윌 쑨 리프트

20 햇볕이 좋아요.

It's sunny.

잇츠 써니

21 맑아요.

It's clear.

잇츠 클리어

22 건조해요.

It's dry.

잇츠 드라이

23 눅눅해요.

It's humid.

잇츠 휴미드

24 따뜻해요.

It's warm.

잇츠 웜

25 더워요.
It's hot.
잇츠 핫

26 비가 와요.
It's raining.
잇츠 레이닝

27 시원해요.
It's cool.
잇츠 쿨

28 싸늘해요.
It's chilly.
잇츠 칠리

29 추워요.
It's cold.
잇츠 콜드

30 눈이 와요.
It's snowing.
잇츠 스노윙

일기예보를 말할 때

01 주말 일기예보는 어떻습니까?

What's the weather forecast for the weekend?

왓츠 더 웨더 풔캐스트 풔 더 위캔드?

---

02 내일 일기예보는 어떻습니까?

What's the weather forecast for tomorrow?

왓츠 더 웨더 풔캐스트 풔 투마로우?

---

03 일기예보를 확인해 보세요.

Check the weather report.

첵크 더 웨더 리포트

---

04 일기예보가 또 틀렸군요.

The weatherman was wrong again.

더 웨더맨 워즈 롱 어게인

---

05 오늘 폭풍주의보가 내렸어요.

There's a storm warning out for today.

데어저 스톰 워닝 아웃 풔 투데이

---

06 오늘 호우경보가 내렸습니다.

Heavy rain warning was issued today.

해비 레인 워닝 워즈 잇슈드 투데이

07 당국은 오늘 황사경보를 발표했다.

Authorities issued a "yellow dust" warning today.

어쏘러티즈 이슈드 어 옐로우 더스트 워어닝 투데이

08 일기예보는 오늘밤이 어떨 거라고 합니까?

What's the weather forecast for tonight?

왓츠 더 웨더 풔캐스트 풔 투나잇?

09 일기예보에 의하면 내일은 맑을 것이라고 합니다.

Weather forecast says it will be fine tomorrow.

웨더 풔캐스트 쎄즈 잇 윌 비 파인 투머로우

10 오늘 오후에는 아마 개일 것입니다.

It'll probably clear up this afternoon.

잇윌 프라버블리 클리어 업 디스 애프터눈

11 맑고 따뜻할 겁니다.

It will be clear and warm.

잇 윌 비 클리어 앤 웜

12 눈이 올 것 같은 날씨예요.

It looks like snow.

잇 룩스 라일 스노우

계절을 말할 때

01 가장 좋아하는 계절은 언제인가요?

What's your favorite season?

왓츄어 페이버릿 씨즌?

---

02 일년 내내 봄날이라면 좋겠어요.

I wish spring lasted all year!

아이 위시 스프링 라스티드 올 이어!

---

03 한국에서 7월과 8월은 무척 더워요.

July and August in Korea are so hot.

쥴라이 앤 어거슷틴 코리어 아 쏘 핫

---

04 상관없어요. 저는 여름을 좋아하니까요.

I don't mind. I love summer.

아이 돈ㅌ 마인드. 아이 러브 썸머

---

05 비가 많이 오는 계절은 싫어합니다.

I don't like the wet season.

아이 돈ㅌ 라잌 더 웻 시즌

---

06 날씨가 참 서늘하군요.

It's so nice and cool.

잇츠 쏘 나이스 앤 쿨

07 가을은 운동과 독서의 계절입니다.

Autumn is a good season for sports and reading.

오텀 이즈 어 굿 씨즌 풔 스포츠 앤 리딩

08 겨울이 다가오는 것 같아요.

I think winter is on its way.

아이 씽 윈터 이즈 안 잇츠 웨이

09 저는 겨울에 스키를 즐깁니다.

I enjoy skiing in winter.

아이 인조이 스킹 인 윈터

10 겨울에서 봄이 되었습니다.

Winter changed to spring.

윈터 체인지드 투 스프링

11 당신 고향의 기후는 어떻습니까?

What is the weather like in your hometown?

왓 이즈 더 웨더 라일 인 유어 홈타운?

12 뉴욕은 서울보다 춥습니다.

New York is colder than Seoul.

뉴욕 이즈 콜더 댄 써울

현지에서 찐으로 통하는 회화는 따로 있다

UNIT 05 시간&연월일에 관한 표현

가장 많이 쓰이는 회화

지금 몇 시죠?
What time is it now?

4시 15분입니다.
It's a quarter past four.

오늘이 무슨 요일이죠?
What day is it today?

토요일이에요.
It's Saturday.

시간을 물어볼 때

01 지금 몇 시죠?

What time is it now?

왓 타임 이즈 잇 나우?

Do you know what time it is?

두 유 노우 왓 타임 잇 이즈?

Excuse me. Can you tell me the time?

익스큐즈 미. 캔 유 텔 미 더 타임?

---

02 어디 보자. 10시 30분입니다.

Let's see. It's 10:30.

렛츠 씨. 잇츠 텐 써티

---

03 지금이 몇 시라고 생각하십니까?

What time do you think it is?

왓 타임 두 유 씽크 잇 이즈?

---

04 4시 15분입니다.

It's a quarter past four.

잇츠 어 쿼터 패스트 풔

---

05 정확히 3시입니다.

It's exactly three o'clock.

잇츠 이그잭틀리 쓰리 어클락

06 저녁 7시 10분 전입니다.
It's 10 minutes to 7 in the evenig.
잇츠 텐 미닛츠 투 세븐 인 디 이브닝

07 미안하지만, 저는 시계가 없습니다.
Sorry, I don't have a watch.
쏘리, 아이 돈ㅌ 해브 어 왓취

08 당신 시계가 맞는가요?
Is your watch right?
이즈 유어 왓치 라잇?

09 제 시계가 빨리 가요.
My watch is fast.
마이 왓취즈 패스트

10 거기에 가는 데 얼마나 걸립니까?
How long does it take to get there?
하우 롱 더즈 잇 테잌 투 겟 데어?

11 역에서 걸어서 7분 걸립니다.
It's seven minute's walk from the station.
잇츠 세븐 미닛츠 워크 프럼 더 스테이션

12 몇 시에 개점(폐점)합니까?
What time do you open(close)?
왓 타임 두 유 오픈(클로우즈)?

13 잠시도 지체할 틈이 없습니다.
I have no time to lose.
아이 해브 노 타임 투 루즈

13 시간이 없는데요.
I'm in a hurry.
아임 인 어 허리

14 저의 예정이 꽉 차 있어요.
I got my schedule is full.
아이 갓 마이 스케쥴 이즈 풀

15 좀 더 시간이 필요합니다.
I need more time.
아이 니드 모어 타임

16 시간 가는 줄 몰랐어요.
I wasn't aware of the time.
아이 워즌트 어웨어 어브 더 타임

연월일을 물어볼 때

01 오늘이 무슨 요일이죠?

What day is it today?

왓 데이 이즈 잇 투데이?

---

02 토요일이에요.

It's Saturday.

잇츠 새러데이

---

03 오늘이 며칠이죠?

What's the date today?

왓츠 더 데이트 투데이?

Do you know today's date?

두 유 노우 투데이즈 데이트?

---

04 몇 월이죠?

What month is it?

왓 먼쓰 이즈 잇?

---

05 오늘이 무슨 날이죠?

What's the occasion?

왓츠 디 어케이젼?

06 오늘이 무슨 특별한 날입니까?

What special day is today?

왓 스페셜 데이 이즈 투데이?

07 다음 일요일이 며칠이죠?

What date is next Sunday?

왓 데이트 이즈 넥스트 썬데이?

08 우리 휴가가 며칠부터 시작이죠?

What date does our vacation start?

왓 데이트 더즈 아워 배케이션 스타트?

09 여기에 온 지 석 달입니다.

It's three months since I came here.

잇츠 쓰리 먼쓰 씬스 아이 케임 히어

10 보통 월요일에서 금요일까지 영업합니다.

Usually, we're open Monday through Friday.

유주얼리, 위어 오픈 먼데이 쓰루 프라이데이

11 이 달에 어떤 공휴일이 있습니까?

What holiday do we celebrate this month?

왓 헐리데이 두 위 셀러브레잇 디쓰 먼스?

현지에서 찐으로 통하는 회화는 따로 있다

UNIT 06 때&장소에 관한 표현

가장 많이 쓰이는 회화

언제 가세요?
When are you going?

내일 아침 일찍 출발해.
Early tomorrow morning.

어디에 살고 있습니까?
Where do you live?

라스베가스에 살고 있습니다.
I live in Las Vegas.

때를 물어볼 때

01 언제 가세요?

When are you going?

웬 아 유 고잉?

---

02 언제 서울을 출발하니?

When are you leaving Seoul?

웬 아 유 리빙 서울?

---

03 내일 아침 일찍 출발해.

Early tomorrow morning.

얼리 투머로우 모닝

---

04 언제 거기에 갔어요?

When did you go there?

웬 디드 유 고 데어?

---

05 언제 쇼핑을 갔어요?

When did you go shopping?

웬 디드 유 고 쇼핑?

---

06 언제 그게 일어났니?

When did it happen?

웬 디드 잇 해펀?

07 그걸 언제 샀니?
When did you buy it?
웬 디드 유 바이 잇?

08 언제 그것을 들었나요?
When did you hear that?
웬 디드 유 히어 댓?

09 언제 그것을 알았습니까?
When did you get to know that?
웬 디드 유 겟 투 노우 댓?

10 언제 출발하면 좋을지 알려줘.
Let me know when to start.
렛 미 노우 웬 투 스타트

11 언제 그녀를 만납니까?
When will you meet her?
웬 윌 유 밋 허?

12 언제 파티를 열 생각입니까?
When are you going to have a party?
웬 아 유 고잉 투 해브 어 파티?

13 그들은 언제 한국을 떠날 예정일까요?
When are they planning to leave Korea?
웬 아 데이 플레닝 투 리브 코뤼어?

14 그는 언제 도착하니?
When will he arrive?
웬 윌 히 어라이브?

15 언제 여기에 도착했습니까?
When did you arrive here?
웬 디드 유 어라이브 히어?

16 언제 서울에 도착했습니까?
When did you arrive in Seoul?
웬 디드 유 어라이브 인 써울?

17 언제 역에 도착했습니까?
When did you get to the station?
웬 디드 유 겟 투 더 스테이션?

18 언제 귀국하세요?
When to get back?
웬 투 겟 백?

장소를 말할 때

01 내 가방은 어디에 있니?
Where is my bag?
웨어 이즈 마이 백?

02 당신 회사는 어디입니까?
Where's your office?
웨어즈 유어 오피스?

03 어디에 살고 있습니까?
Where do you live?
웨어 두 유 리브?

04 어디에 갔었니?
Where have you been?
웨어 해브 유 빈?

05 지금 어디에 있니?
Where are you?
웨어 아 유?

06 출구는 어디입니까?
Where's the exit?
웨어즈 디 에그젯?

07 중국의 수도는 어디입니까?

What's the capital of China?

왓츠 더 캐피탈 어브 차이나?

08 여기가 어디지요?

Where are we?

웨어 아 위?

09 서울 어디에 살고 있습니까?

What part of Seoul do you live in?

왓 파트 어브 써울 두 유 리브 인?

10 어제 어디에 있었니?

Where were you yesterday?

웨어 워 유 예스터데이?

11 어디 출신입니까?

Where are you from?

웨어 아 유 프롬?

12 어디서 그것을 샀니?

Where did you buy it?

웨어 디드 유 바이 잇?

13 어디서 표를 살 수 있나요?
Where can I get a ticket?
웨어 캔 아이 겟 어 티켓?

14 어디서 태어났습니까?
Where were you born?
웨어 워 유 본?

15 어디서 그걸 봤니?
Where did you see it?
웨어 디드 유 씨 잇?

16 어디서 만날까요?
Where shall we meet?
웨어 셸 위 밋?

17 그 사고는 어디서 일어났니?
Where did the accident happen?
웨어 디드 디 액시던트 해편?

18 어디로 가고 싶니?
Where do you want to go?
웨어 두 유 원 투 고?

19 어디 가니?
Where are you going?
웨어 아 유 고잉?

20 어디까지입니까?
Where to?
웨어 투?

21 어디로 가면 좋을지 모르겠습니다.
I don't know where to go.
아이 돈트 노우 웨어 투 고

22 가까이에 살고 있습니다.
I live near.
아이 리브 니어

23 라스베가스에 살고 있습니다.
I live in Las Vegas.
아이 리브 인 라스 베거스

24 아파트에 살고 있습니다.
I live in an apartment.
아이 리브 인 언 아파트먼트

현지에서 찐으로 통하는 회화는 따로 있다

신체&외모에 관한 표현

가장 많이 쓰이는 회화

키가 얼마나 되죠?
How tall are you?

저는 키가 약간 작습니다.
I'm a little short.

괜찮아 보입니까?
Do I look all right?

아주 멋쟁이시군요.
You're very stylish.

신체에 대해 말할 때

01 키가 얼마나 되죠?

How tall are you? / What's your height?

하우 톨 아 유? / 왓츄어 하잇트?

---

02 5피트 3인치입니다.

I'm five feet three inches.

아임 파이브 핏 쓰리 인치즈

---

03 키가 큰 편이군요.

You're rather tall.

유어 래더 톨

---

04 저는 키가 약간 작습니다.

I'm a little short.

아임 어 리틀 숏

---

05 체중이 얼마입니까?

How much do you weigh?

하우 머치 두 유 웨잇?

---

06 최근에 체중이 좀 늘었어요.

I've gained some weight recently.

아이브 게인드 썸 웨잇 리센틀리

113

07 허리가 굵어질까 조심하고 있습니다.
I'm trying to watch my waist line.
아임 트라잉 투 와춰 마이 웨이스트 라인

08 허리 살을 좀 빼려고 합니다.
I'm trying to make my waist slim.
아임 트라잉 투 메익 마이 웨이스트 슬림

09 키에 비해 몸무게가 많이 나갑니다.
I'm overweight for my height.
아임 오버웨잇 풔 마이 하잇트

10 요즘 체중을 좀 줄였어요.
I've lost some weight these days.
아이브 로스트 썸 웨잇 디즈 데이즈

11 그는 왼손잡이 입니다.
He's left-handed.
히즈 래프트-핸디드

12 그는 배에 군살이 있어요.
He has love-handles.
히 해즈 러브-핸덜즈

외모에 대해 말할 때

01 그녀는 키가 크고 날씬합니다.
She's tall and slender.
쉬즈 톨 앤 슬랜더

02 그는 체격이 좋습니다.
He's well-built.
히즈 웰-빌트

03 미남이시군요.
You are handsome.
유 아 핸섬

04 아름다우시군요.
You are beautiful.
유 아 뷰우리플

05 건강해 보이십니다.
You are in fine shape.
유 아 인 파인 쉐이프

06 너 예쁘구나.
You are cute.
유 아 큐트

07 몸매가 날씬하군요.

You have a good shape.

유 해브 어 굿 쉐이프

08 무척 젊어 보이시네요.

You look so young.

유 룩 쏘 영

09 안녕 존, 정말 멋지군.

Hi, John. You look very nice.

하이, 존. 유 룩 베리 나이스

10 저는 아버지(어머니)를 닮았어요.

I resemble my father(mother).

아이 리젬블 마이 파더(마더)

11 당신은 어머니를 많이 닮았습니다.

You look very much like your mother.

유 룩 베리 머취 라익 유어 마더

12 화장이 너무 진하군요.

You're wearing too much make-up.

유어 웨어링 투 머치 메이크-업

> 복장에 대해 말할 때

01 오늘은 멋져 보이시는군요.
You look great today.
유 룩 그레잇 투데이

02 괜찮아 보입니까?
Do I look all right?
두 아이 룩 올 롸잇?

03 그 옷이 당신한테 정말 잘 어울리는군요.
That dress really looks good on you.
댓 드레스 리얼리 룩스 굿 언 유

04 저는 늘 이 옷을 입어요.
I'm always wanted to wear these clothes.
아임 올웨이즈 원티드 투 웨어 디즈 클로우즈

05 저는 패션에 매우 민감해요.
I'm extremely sensitive to fashion.
아임 익스트림리 센서티브 투 패션

06 저는 복장에 대해 신경을 안 써요.
I'm carefree about how I dress.
아임 케어프리 어바웃 하우 아이 드레스

07 아주 멋쟁이시군요.
You're very stylish.
유어 베리 스타일리쉬

08 내 옷 어때요?
What do you think of my outfit.
왓 두 유 씽크 어브 마이 아웃핏트

09 이 옷이 정말 마음에 안 들어요.
I don't really like these clothes.
아이 돈트 리얼리 라잌 디즈 클로우즈

10 그게 무슨 말이세요. 보기 좋은데요.
What nonsense! You look just fine.
왓 난센스! 유 룩 저스트 파인

11 옷 입는 감각이 아주 좋으시군요.
You're very fashionable.
유어 베리 패셔너블

12 그걸 입으니 젊어 보입니다.
It makes you look young.
잇 메잌스 유 룩 영

찐으로 통하는 회화는 따로 있다

감정표현

PART 03

현지에서 찐으로 통하는 회화는 따로 있다

기쁨&칭찬&감탄에 관한 표현

가장 많이 쓰이는 회화

정말 훌륭하군요!
How marvelous!

기뻐서 날아갈 것 같았어요.
I jumped for joy.

당신은 능력이 대단하시군요.
You must be a man of ability.

칭찬해 주시니 고맙습니다.
Thank you, I'm flattered.

기쁘거나 즐거울 때

01 무척 기뻐요!

I'm very happy!
아임 베리 해피!

I'm overjoyed.
아임 오버죠이드

Oh! How glad I am!
오! 하우 글래드 아이 엠!

02 기분 끝내주는군!

What a great feeling!
왓 어 그레잇 필링!

03 기뻐서 날아갈 것 같았어요.

I jumped for joy.
아이 점프트 풔 조이

04 제 생애에 이보다 더 기쁜 적이 없었어요.

I've never been happier in my life.
아이브 네버 빈 해피어 인 마이 라이프

05 너무 기뻐서 말이 안 나와요.

I'm so happy, I don't know what to say.
아임 쏘 해피, 아이 돈트 노 왓 투 쎄이

06 즐거워요.
I'm having fun. / What a lark!
아임 해빙 펀 / 왓 어 락!

07 좋아서 미치겠어요.
I'm tickled pink.
아임 티클드 핑크

08 콧노래라도 부르고 싶은 기분입니다.
I feel like humming.
아이 필 라잌 허밍

09 난 정말로 만족스러워.
I'm completely.
아임 컴플리틀리

10 더 이상 기쁠 수 없을 거야.
I couldn't be happier with it.
아이 쿠든트 비 해피어 위드 잇

11 그 소식을 들으니 정말 기쁩니다.
I'm glad to hear that.
아임 글래드 투 히어 댓

> 성과를 칭찬할 때

01 대단하군요!
Great!
그레잇!

02 정말 훌륭하군요!
How marvelous!
하우 말버러스!

03 잘 하시는군요.
You're doing well! / You did a fine job.
유아 두잉 웰! / 유 디드 어 파인 잡

04 이 프로젝트 정말 훌륭하군요. 잘 했어요.
This is a really good project. Good job.
디스 이즈 어 리얼리 굿 프로젝트. 굿 잡

05 나는 당신이 자랑스럽습니다.
I am very proud of you.
아이 엠 베리 프라우드 어브 유

06 그렇게 훌륭하게 해내리라고는 미처 생각 못했어요.
I didn't expect you to do such a good job.
아이 디든ㅌ 익스펙트 유 투 두 써치 어 굿 잡

07 초보로서는 상당히 잘 하는군요.
For a beginner, you're pretty good.
풔러 비기너, 유어 프리티 굿

08 당신은 이 일에 안성맞춤입니다.
You are the right man for the job.
유 아 더 롸잇 맨 풔 더 잡

09 그녀는 손재주가 좋아요.
She is quite good with her hands.
쉬 이즈 콰잇 굿 위드 허 핸즈

10 당신만이 할 수 있는 일이에요.
Only you can do it.
온리 유 캔 두 잇

11 혼자서 해냈다니 놀랍네요.
That's surprising to hear that you go it walone.
댓츠 써프라이징 투 히어 댓 유 고 잇 얼롱

12 그렇지요, 그렇게 해야지요.
That's the way.
댓츠 더 웨이

능력과 재주를 칭찬할 때

01 기억력이 참 좋으시군요.
You have a very good memory.
유 해브 어 베리 굿 메모리

02 당신은 능력이 대단하시군요.
You must be a man of ability.
유 머스트 비 어 맨 어브 어빌러티

03 어떻게 그렇게 영어를 잘하십니까?
How come you speak such good English?
하우 컴 유 스픽 써치 굿 잉글리쉬?

04 영어를 훌륭하게 구사하시는군요.
You are in good command of English.
유 아 인 굿 커맨드 어브 잉글리쉬

05 그는 수학에 능해요.
He is up on mathematics.
히 이즈 업 안 매쓰매틱스

06 패션에 대한 안목이 있으시군요.
You have an eye for fashion.
유 해브 언 아이 풔 패션

07 그는 정말 머리가 좋아요.
He's a real egghead.
히즈 어 리얼 에그해드

08 그는 현명한 (똑똑한) 사람이에요.
He has a good head on his shoulders.
히 해즈 어 굿 해돈 히즈 쇼울더즈

09 그는 재치가 있어요.
He is quick-witted.
히 이즈 퀵-위티드

10 그녀는 소질이 있어요.
She's got what it takes.
쉬즈 갓 왓 잇 테잌스

11 당신은 정말 모르는 게 없군요.
You must be a walking encyclopedia.
유 머스트 비 어 워킹 앤싸이클로우피디어

12 그는 도구를 다루는 손재주가 있어요.
He is very handy with tools.
히 이즈 베리 핸디 위드 툴스

13 못하는 게 없으시군요.
Is there anything you can't do?
이즈 데어 애니씽 유 캔트 두

14 당신 입장이 부럽습니다.
I wish I were in your shoes.
아이 위쉬 아이 워 인 유어 슈즈

15 당신 같은 강한 의지력 좀 있었으면 해요.
I wish I had your will power.
아이 위쉬 아이 해드 유어 윌 파워

16 계획에 충실한 당신이 존경스럽습니다.
I admire you for sticking to your plans.
아이 어드마이어 유 풔 스티킹 투 유어 플랜스

17 그는 정말 수영을 잘하네요.
Look how well he's swimming.
룩 하우 웰 히즈 스위밍

18 네가 나보다는 한 수 위야.
You are a cut above me.
유 아 어 컷 어버브 미

칭찬에 대한 응답을 할 때

01 칭찬해 주시니 고맙습니다.

Thank you, I'm flattered.

땡큐, 아임 플래터드

---

02 과찬의 말씀입니다.

I'm so flattered.

아임 소 플래터드

---

03 비행기 태우지 마세요.

Don't make me blush.

돈트 메익 미 브러쉬

---

04 그렇게 말씀해 주시니 고맙습니다.

It's very nice of you to say so.

잇츠 베리 나이스 어브 유 투 쎄이 쏘

---

05 너무 치켜세우지 마세요.

Spare my blushes.

스페어 마이 브러쉬즈

---

06 저의 성공은 아버지 덕분이죠.

I owe my success to my father.

아이 어우 마이 석쎄스 투 마이 파더

> 감탄을 할 때

01 멋지네요.(훌륭해요.)
Wonderful! / Great! / Fantastic!
원더풀! / 그레잇! / 팬태스틱!

02 와, 정말 아름답네요!
Wow, beautiful!
와우, 뷰우티풀!

03 맛있네요!
Good! / Delicious! / Yummy!
굿! / 딜리셔스! / 여미!

04 잘했어요!
Good job! / Good for you! / Excellent!
굿 잡! / 굿 풔 유! / 엑설런트!

05 재미있네요!
How interesting!
하우 인터레스팅!

How exciting!
하우 익사이팅!

현지에서 찐으로 통하는 회화는 따로 있다

근심&걱정&슬픔에 관한 표현

가장 많이 쓰이는 회화

절망적인 기분이야.
I feel hopeless.

무슨 일이야?
What's the problem?

아무것도 하고 싶은 생각이 없어요.
I don't feel like doing anything.

자, 힘을 내. 너는 할 수 있어.
Come on, you can do that.

근심과 걱정을 할 때

01 무슨 일이야?

What's the problem?

왓츠 더 프라블럼?

---

02 뭘 그리 초조해하고 있니?

What are you fretting over?

왓 아 유 프레팅 오버?

---

03 뭣 때문에 괴로워하고 있는 거야?

What's bothering you?

왓츠 바더링 유?

---

04 요즘 기분이 좋지 않아요.

I've been feeling down lately.

아이브 빈 필링 다운 레이틀리

---

05 우울해 보이네요.

You look down.

유 룩 다운

---

06 무슨 일로 걱정하세요?

What's your worry?

왓츄 유어 워리?

07 집에 무슨 일 있으세요?
Do you have any trouble at home?
두 유 해브 애니 트러블 앳 홈?

08 절망적인 기분이야.
I feel hopeless.
아이 필 호프리스

09 안색이 형편없군요.
You look terrible.
유 룩 테러벌

10 피곤해 보이는데 웬일인가요?
How come you look so tired?
하우 컴 유 룩 쏘 타이어드?

11 무슨 일이 잘못됐니?
Is anything wrong?
이즈 애니씽 롱?

12 저는 이제 어떡하죠?
What do I do now?
왓 두 아이 두 나우?

> 근심과 걱정을 위로할 때

01 걱정하지 마세요.

Don't worry.

돈트 워리

---

02 걱정할 것 없어요.

You have nothing to worry about.

유 해브 낫씽 투 워리 어바웃

---

03 모두 잘 될 거예요.

Everything's going to be all right.

에브리씽즈 고잉 투 비 올 라잇

---

04 결과에 대해 걱정하지 마세요.

Don't worry about the results.

돈트 워리 어바웃 더 리절트스

---

05 그런 걱정은 잊어버리세요.

Put such worries out of your head.

풋 써치 워리즈 아웃 어브 유어 헤드

---

06 너무 심각하게 받아들이지 마세요.

Don't take it seriously.

돈트 테일 잇 시어리어슬리

07 긍정적으로 생각하세요.

Be positive.

비 퍼지티브

08 너무 걱정하지 마세요. 다 잘 될 거예요.

Don't worry so. Everything will be all right.

돈트 워리 쏘. 애브리씽 윌 비 올 롸잇

09 자, 힘을 내. 너는 할 수 있어.

Come on, you can do that.

컴 온, 유 캔 두 댓

10 기운 내!

Cheer up!

치어 업!

11 낙담하지 말아요.

Never say die.

네버 쎄이 다이

12 시간이 해결해 줄 거예요.

Time I'll be able to help solve the problem.

타임 아윌 비 에이블 투 헬프 쏠브 더 프라브럼

슬플 때

01 울고 싶어.
I feel like crying.
아이 필 라잌 크라잉

02 저는 희망이 없어요.
I'm hopeless.
아임 호프리스

03 저는 비참해요.
I feel miserable.
아이 필 미저러블

04 아무것도 하고 싶은 생각이 없어요.
I don't feel like doing anything.
아이 돈ㅌ 필 라잌 두잉 애니씽

05 저는 조금 슬픈 기분이에요.
I'm just feeling a little sad.
아임 저스트 필링 어 리틀 새드

06 모든 것이 끝났다고 생각했어요.
I thought I was at the end of my rope.
아이 쏫 아이 워즈 앳 디 엔드 어브 마이 루프

07 영화가 너무 슬퍼요.

The movie is so sad.

더 무비 이즈 쏘 새드

08 괜히 울고 싶은 심정이에요.

Somehow I feel like crying.

썸하우 아이 필 라잌 크라잉

09 세상이 꼭 끝나는 것 같아.

I feel like the world is coming to an end.

아이 필 라잌 더 워드 이즈 컴잉 투 언 앤드

10 저를 우울하게 만들지 마세요.

Don't let it make my brown eyes blue.

돈ㅌ 렛 잇 메잌 마이 브라운 아이즈 블루

11 아, 슬퍼요!

Alas!

어래스!

12 어머 가엾어라!

What a pity! / Oh, poor thing!

왓 어 피티! / 오, 푸어 씽!

슬픔을 위로할 때

01 내가 당신 옆에서 돌봐 줄게요.
I'll stick by you.
아윌 스틱 바이 유

02 너무 우울해하지 마.
Don't get too down.
돈트 겟 투 다운

03 너는 이겨낼 거야.
You'll get through this.
유윌 겟 쓰루 디쓰

04 슬픔에 굴복해서는 안 돼요.
Don't give way to grief.
돈트 기브 웨이 투 그리프

05 잠을 자고 슬픔을 잊어버리세요.
Sleep off your sorrow.
슬립 오프 유어 써로우

06 어떻게 견디고 계세요?
How are you holding up?
하우 아 유 홀딩 업?

현지에서 찐으로 통하는 회화는 따로 있다

UNIT 03 놀라움&두려움&긴장에 관한 표현

가장 많이 쓰이는 회화

그 영화 정말 무서워.
That was a really scary movie.

무서워하지 마세요.
Don't be scared.

너무 불안하다.
I'm so restless.

긴장을 풀어 봐.
Calm your nerves.

놀랐을 때

01 저런, 세상에!

Oh, my God!

오, 마이 갓!

02 하느님 맙소사!

My goodness!

마이 구드니스!

03 말도 안 돼!

No way!

노 웨이!

04 아차!

Oh, dear!

오, 디어!

05 어머나!

Good God!

굿 갓!

06 오, 안 돼!

Oh, no!

오, 노!

07 놀랍군요.
Amazing!
어메이징!

08 너 때문에 놀랬잖아.
You startled me.
유 스타틀드 미

09 아이, 깜짝 놀랐잖아.
Oh, I'm surprised.
오, 아임 써프라이즈드

10 놀라워!
What a surprise!
왓 어 써프라이즈!

11 믿을 수 없어.
I can't believe it.
아이 캔트 빌리브 잇

12 굉장한데!
That's awesome.
댓츠 아썸

무서울 때

01 무서워요.
I'm scared.
아임 스케얼드

02 나는 겁에 잔뜩 질렸다.
I was scared shitless.
아이 워즈 스케얼드 쉬틀리스

03 그 영화 정말 무서워.
That was a really scary movie.
댓 워즈 어 리얼리 스케어리 무비

04 간 떨어질 뻔 했어요.
I almost dropped a load.
아이 올모스트 드랍티드 어 로드

05 난 거기에 가기가 두려워.
I'm afraid to go in there.
아임 어프레이드 투 고 인 데어

06 그 생각만 하면 무서워요.
I dread to think of that.
아이 드레드 투 씽크 어브 댓

07 대단한 담력이군요.

What a nerve!

왓 어 너브!

08 등골에 땀이 나요.

I have perspiration on my back.

아이 해브 퍼스퍼레이션 안 마이 백

09 그것 때문에 소름이 끼쳤어요.

That gave me the creeps.

댓 게이브 미 더 크립스

10 내 팔에 소름 끼치는 것 좀 보세요.

Look at these goose bumps on my arms.

룩 앳 디즈 구스 범프스 안 마이 암즈

11 저도 온몸에 소름끼쳐요.

I have goose bumps all over, too.

아이 해브 구스 범프스 올 오버, 투

12 정말 충격이야.

It was a total shock.

잇 워즈 어 토털 속

긴장·초조할 때

01 난 지금 좀 긴장돼.
I'm a little nervous right now.
아임 어 리들 너버스 롸잇 나우

02 왜 손톱을 물어뜯고 있니?
Why are you chewing your fingernails?
와이 아 유 츄잉 유어 핑거네일즈?

03 나는 마음이 조마조마해.
I've got butterflies in my stomach.
아이브 갓 버터플라이즈 인 마이 스터먹

04 나 좀 봐. 무릎이 덜덜 떨려.
Look at me. My knees are shaking.
룩 앳 미. 마이 니즈 아 쉐이킹

05 난 너무 걱정이 돼서 안절부절 못하겠어.
I'm so anxious I feel like I have ants in my pants.
아임 쏘 앵셔스 아이 필 라잌 아이 해브 앤츠 인 마이 팬츠

06 너무 불안하다.
I'm so restless.
아임 쏘 레스틀리스

07 난 긴장하고 있어요.
I'm on the ball.
아임 안 더 볼

08 그는 할 말을 잃었다. (긴장해서)
The cat got his tongue.
더 캣 갓 히즈 텅

09 그녀는 긴장을 해요.
She is tense.
쉬 이즈 텐스

10 너무 긴장이 돼서 심장이 쿵탕쿵탕거린다.
I'm so nervous my heart is pounding like a drum.
아임 쏘 너버스 마이 하트 이즈 파운딩 라익크 어 드럼

11 너무 긴장해서 손이 땀으로 흠뻑 젖었다.
I'm so nervous my hands are sweaty.
아임 쏘 너버스 마이 핸즈 아 스위티

12 믿어지지 않는데요.
Incredible!
인크레더블!

긴장·초조를 진정시킬 때

01 놀라지 마세요.
Don't alarm yourself.
돈트 알람 유어셀프

02 전혀 놀랄 것 없어요.
There's no cause for alarm.
데어즈 노 커즈 풔 알람

03 무서워하지 마세요.
Don't be scared.
돈트 비 스케얼드

04 진정하세요.
Put your mind at ease about that.
풋 유어 마인드 앳 이지 어바웃 댓

05 두려워하지 마세요.
Never fear!
네버 피어!

06 긴장을 풀어 봐.
Calm your nerves.
컴 유어 너브스

현지에서 찐으로 통하는 회화는 따로 있다

불평&불만&노여움에 관한 표현

가장 많이 쓰이는 회화

정말 미쳐 버리겠네.
I'm really mad.

무엇 때문에 그가 그렇게 화가 났니?
What's got him so angry?

그는 매우 짜증나게 해.
He frustrates me to no end.

진정하세요.
Calm down!

화가날 때

01 너무 화가 나서 터질 것만 같아.
I'm so angry I could blow.
아임 쏘 앵그리 아이 쿠드 블로우

02 참는 것도 한도가 있어요.
My patience is worn out.
마이 페이션스 이즈 원 아웃

03 정말 열 받는군!
What a pisser!
왓 어 피서!

04 그 사람을 볼 때마다 열 받아요.
I get fried up everytime I see him.
아이 겟 프라이드 업 애브리타임 아이 씨 힘

05 제 자신에게 화가 났어요.
I'm mad at myself.
아임 매드 앳 마이셀프

06 미치겠어요.
I'm going crazy.
아임 고잉 크레이지

07 저 사람은 정말 무례해.

That person is so rude.

댓 퍼슨 이즈 쏘 루드

08 당신 때문에 미치겠어요.

You drive me crazy.

유 드라이브 미 크레이지

09 더 이상은 못 참겠어요.

Enough is enough.

이너프 이즈 이너프

10 정말 미쳐 버리겠네.

I'm really mad.

아임 리얼리 매드

11 그만해! 그거 다시 듣고 싶지 않아!

Cut it out! I don't want to hear any more about it.

컷 잇 아웃! 아 돈트 원 투 히어 애니 모어 어바웃 잇

12 너 어떻게 그렇게 무례할 수가 있니?

How rude can you be?

하우 루드 캔 유 비?

상대방이 화가 났을 때

01 무엇 때문에 그가 그렇게 화가 났니?

What's got him so angry?

왓츠 갓 힘 쏘 앵그리?

---

02 나도 왜 그런지 모르겠어요.

I don't know why.

아 돈트 노 와이

---

03 화났어요?

Are you angry?

아 유 앵그리?

---

04 그는 몹시 화가 나 있어요.

He's on the warpath.

히즈 안 더 웰패스

---

05 뭐 때문에 그렇게 씩씩거리니?

What's got you all in a huff?

왓츠 갓 유 올 인 어 허프?

---

06 아직도 화나 있어요?

Are you still angry?

아 유 스틸 앵그리?

> 언행이 지나칠 때

01 제발 목소리를 낮추세요.

Please keep your voice down.

플리즈 킵 유어 보이스 다운

02 닥쳐!

Shut up!

셧 업!

03 무슨 소릴 하는 거야?

What are you talking about?

왓 아 유 토킹 어바웃?

04 쓸데없는 소리하지 마세요.

Stop your nonsense.

스탑 유어 넌센스

05 그런 헛소리하지 마세요!

Don't give me that!

돈ㅌ 기브 미 댓!

06 당신은 말을 함부로 하는군요!

You are too outspoken!

유 아 투 아웃스포컨!

진정하라고 말할 때

01 진정하세요.

Calm down!

컴 다운!

---

02 냉정함을 유지해.

Keep your cool.

킵 유어 쿨

---

03 이성을 잃으면 안 돼.

Don't lose your temper.

돈트 루즈 유어 템퍼

---

04 이런 일에 화낼 필요 없어.

Don't get so uptight about this.

돈트 겟 쏘 업타잇 어바웃 디스

---

05 그만 좀 해라.

Put a lid on it.

풋 어 리드 안 잇

---

06 진정해. 이 정도도 다행이지 뭐.

Relax. It could be worse, you know.

릴렉스. 잇 쿠드 비 워스, 유 노우

짜증날 때

01 진짜 지겹다, 지겨워.

I'm sick and tired of it.
아임 씩 앤 타이어드 어브 잇

02 하는 일에 싫증나지 않으세요?

Aren't you tired of your job?
안츄 타이어드 어브 유어 잡?

03 네, 이젠 진절머리가 나요.

Yes, I'm sick of it.
예쓰, 아임 씩 어브 잇

04 그는 매우 짜증나게 해.

He frustrates me to no end.
히 프러스트레잇츠 미 투 노 앤드

05 이런 생활에는 이제 넌더리가 나요.

I'm disgusted with this way of life.
아임 디스거스티드 위드 디스 웨이 어브 라이프

06 이 일은 이미 싫증났어요.

I'm tired of my work.
아임 타이어드 어브 마이 워크

07 정말 스트레스 쌓이는군!
It's really stressful!
잇츠 리얼리 스트레스풀!

08 따분하죠, 그렇죠?
It's boring, isn't it?
잇츠 보링, 이즌ㅌ 잇?

09 지겨운 일이군.
It's boring job.
잇츠 보링 잡

10 지루해 죽겠어요.
Time hangs heavy on my hands.
타임 행즈 해비 안 마이 핸즈

11 정말 짜증스러워요.
I'm really pissed off.
아임 리얼리 피스트 어프

12 맥이 빠지는군!
What a drag!
왓 어 드래그!

귀찮거나 불평할 때

01 아, 귀찮아.

Oh, bother it! / What a nuisance!

오, 바더 잇! / 왓 어 누선스!

---

02 누굴 죽일 생각이세요?

Do you want to see me dead?

두 유 원 투 씨 미 데드?

---

03 왜 그게 제 탓이죠?

Why do I blamed?

와이 두 아이 블레임드?

---

04 저로서는 불만입니다.

As for myself, I'm not satisfied.

애즈 풔 마이셀프, 아임 낫 새티스파이드

---

05 나한테 불만 있어요?

Do you have something against me?

두 유 해브 썸씽 어겐스트 미?

---

06 당신 태도에 난 너무 불쾌해요.

I'm disgusted with your attitude.

아임 디스거스티드 위드 유어 애티듀드

불평하지 말라고 할 때

01 너무 투덜거리지 마!

Never grumble so!

네버 그럼블 쏘!

02 너무 그러지 마.

Why don't you give it a rest?

와이 돈츄 기브 잇 어 레슷?

03 불평 불만 좀 그만 해.

Quit your bitching and moaning.

큇 유어 비칭 앤 모우닝

04 이제 그만 좀 불평해.

Keep your complaints to yourself.

킵 유어 컴플레인츠 투 유어셀프

05 그만 좀 불평해.

Stop your bellyaching.

스탑 유어 밸리애킹

06 그렇게 민감하게 굴지 마!

Don't be so sensitive!

돈트 비 쏘 센서티브!

현지에서 찐으로 통하는 회화는 따로 있다

싸움&비난&후회에 관한 표현

가장 많이 쓰이는 회화

당신이 잘못한 거예요.
You were in the wrong.

내 탓이 아냐.
I'm not the one to blame.

다시는 절대 그러지 말거나.
You'll never do that again.

절대로 안 하겠습니다.
No, I won't.

싸우거나 다툴 때

01 왜 내 뒤에서 험담하고 다녀?

What are you talking about me behind my back?

왓 아 유 토킹 어바웃 미 비하인드 마이 백?

---

02 네가 완전히 망쳤어.

You really blew it.

유 리얼리 블루 잇

---

03 당신이 잘못한 거예요.

You were in the wrong.

유 워 인 더 렁

---

04 넌 더 이상 내 친구가 아냐.

You're not my friend anymore.

유어 낫 마이 프렌드 애니모어

---

05 어떻게 그런 말을 할 수 있지요?

How could you say that?

하우 쿠드 유 쎄이 댓?

---

06 감히 나한테 어떻게 그렇게 얘기할 수 있어?

How dare you say that to me?

하우 데어 유 쎄이 댓 투 미?

157

꾸중할 때

01 다시는 절대 그러지 말게나.

You'll never do that again.

유월 네버 두 댓 어게인

02 절대로 안 하겠습니다.

No, I won't.

노, 아이 워운트

03 행동으로 옮기든지, 입 다물고 있든지 해!

Put up or shut up!

풋 업 오어 셧 업!

04 나머지 너희들도 다 마찬가지야.

The same goes for the rest of you.

더 세임 고우즈 풔 더 레스트 어브 유

05 당신 때문에 일을 망쳤어

I messed up because of you.

아이 메스드 업 비커즈 어브 유

06 창피한 줄 아세요.

Shame on you.

쉐임 안 유

화해할 때

01 흥분하지 마세요.
Don't get excited.
돈트 겟 익사이티드

02 이제 됐어요.
Enough of it!
이너프 어브 잇

03 어째서 싸움을 안 말렸어요?
Why didn't you break up the fight?
와이 디든트 유 브레이크 업 더 파이트?

04 진정하세요.
Keep your shirt on.
킵 유어 셧 안

05 두 사람 화해하세요.
Why don't you guys just make up?
와이 돈트 유 가이즈 저스트 메익 업?

06 네가 동생에게 양보해라.
Be nice to your brother.
비 나이스 투 유어 브라더

욕설할 때

01 제기랄!
Damn it!
댐 잇!

02 개새끼!
Son of a bitch!
썬 어브 어 비취!

03 엿 먹어라!
Bull shit!
불 쉿!

04 빌어먹을!
Devil take it!
데블 테익 잇!

05 저런 바보 같으니!
Butterfingers!
버터핑거즈!

06 벼락맞을 놈!
Drop dead!
드랍 데드!

비난할 때

01 당신 정신 나갔어요?
Have you lost mind?
해브 유 로스트 마인드?

02 당신 미쳤군요.
You're insane.
유아 인세인

03 왜 이런 식으로 행동하죠?
Why are you acting this way?
와이 아 유 액팅 디스 웨이?

04 거봐! 내가 뭐라고 했어?
There, now! What did I tell you?
데어, 나우! 왓 디드 아이 텔 유?

05 그 사람 말을 믿다니 당신도 바보군요.
It's silly of you to trust him.
잇츠 씰리 어브 유 투 트러스트 힘

06 당신이 뭐라도 되는 줄 아세요?
Who do you think you are?
후 두 유 씽크 유 아?

07 당신 할 줄 아는 게 뭐예요?

Don't you know how to do anything right?

돈츄 노우 하우 투 두 애니씽 롸잇?

---

08 너도 마찬가지야!

The same applies to you.

더 쎄임 어플라이즈 투 유

---

09 저질!

That's disgusting!

댓츠 디스거스팅!

---

10 바보 짓 하지마!

Don't your make a fool of yourself!

돈ㅌ 유어 메잌 어 풀 어브 유어셀프!

---

11 정말 뻔뻔하군!

What an impudence!

왓 언 임퓨던스!

---

12 진짜 유치하군.

You're so childish.

유어 쏘 촤일디쉬

비난에 대한 반응

01 내 탓 하지 마.

Don't put the blame on me.
돈트 풋 더 더 블레임 안 미

02 내 탓이 아냐.

I'm not the one to blame.
아임 낫 더 원 투 블레임

03 난 그렇게 말한 적 없어.

I never said that.
아이 네버 세드 댓

04 그는 네가 생각하는 것만큼 바보가 아냐.

He's not as dumb as you think.
히 이즈 낫 애즈 덤 애즈 유 씽

05 그 말을 들으니까 기분 나쁜데.

I take offense to that.
아이 테잌 어펜스 투 댓

06 날 뭘로 생각하는 거야?

What do you take me for?
왓 두 유 테잌 미 풔?

후회할 때

01 그에게 사과했어야 하는 건데.
I would have apologized to him.
아이 우드 해브 어팔러좌이즈드 투 힘

02 일을 저질러 놓고 보니 후회가 막심해요.
I feel awfully sorry for what I have done.
아이 필 어풀리 쏘리 풔 왓 아이 해브 던

03 언젠가는 후회할 겁니다.
Someday you'll be sorry.
썸데이 유윌 비 쏘리

04 나는 후회가 많이 남는다.
I have so many regrets.
아이 해브 쏘 매니 리그랫츠

05 이젠 너무 늦었어.
It's too late now.
잇츠 투 레이트 나우

06 난 후회하지 않아.
I don't have any regrets.
아이 돈트 해브 애니 리그랫츠

찐으로 통하는 회화는 따로 있다

화제표현

PART 04

UNIT 01

현지에서 찐으로 통하는 회화는 따로 있다

학교에 관한 표현

가장 많이 쓰이는 회화

어느 학교에 다니십니까?
Where do you go to school?

UCLA에 다니고 있습니다.
I'm attending UCLA.

전공이 무엇입니까?
What are you majoring at?

교육학을 전공하고 있습니다.
I'm majoring at Education.

> 출신학교와 전공을 물어볼 때

01 어느 학교에 다니십니까?
Where do you go to school?
웨어 두 유 고 투 스쿨?

02 어느 대학에 다니십니까?
Which college are you attending?
위치 칼리지 아 유 어텐딩?

03 UCLA에 다니고 있습니다.
I'm attending UCLA.
아임 어텐딩 유씨엘에이

04 워싱턴 주립대학을 다닙니다.
I go to Washington State University.
아이 고 투 와싱턴 스테잇 유니버씨티

05 어느 학교를 졸업하셨습니까?
What school did you graduate from?
왓 스쿨 디드 유 그래쥬에잇 프럼?

06 저는 서울대학교 학생입니다.
I'm a student at Seoul National University.
아임 어 슈튜던츠 앳 써울 내이셔널 유니버씨티

07 저보다 3년 선배이시군요.

You're three years ahead me.

유어 쓰리 이어즈 어해드 미

08 몇 학년이세요?

What year are you in?

왓 이어 아 유 인?

09 대학교 4학년입니다.

I'm a senior.

아임 어 씨니어

10 대학교 때 전공이 무엇이었습니까?

What was your major at college?

왓 워즈 유어 메이져 앳 칼리쥐?

11 전공이 무엇입니까?

What are you majoring at?

왓 아 유 메이져링 앳?

12 교육학을 전공하고 있습니다.

I'm majoring at Education.

아임 메이져링 앳 에듀케이션

13 저는 하버드 대학 졸업생입니다.
I'm a graduate of Harvard University.
아임 어 그레쥬에잇 어브 하버드 유니버씨티

14 그는 대학중퇴자입니다.
He is a college drop out.
히 이즈 어 칼리쥐 드랍 아웃

15 그는 고학으로 대학을 나왔어요.
He worked his way through college.
히 워크드 히즈 웨이 쓰루 칼리쥐

16 몇 년도에 졸업했습니까?
What class were you?
왓 클래스 아 유?

17 그녀는 고등학교를 갓 나왔습니다.
She's fresh out of high school.
쉬즈 프레쉬 아웃 어브 하이스쿨

18 그녀는 학교에서 퇴학당했습니다.
She was kicked out of the school.
쉬 워즈 킥트 아웃 어브 더 스쿨

학교생활에 대해 말할 때

01 아르바이트를 하고 있나요?

Do you have a part time job?

두 유 해브 어 파트 타임 잡?

---

02 아르바이트 하는 학생들이 많아요.

Many students are working at part time jobs.

메니 슈트던츠 아 워킹 앳 파트 타임 잡스

---

03 그는 제 학교 선배입니다.

He's ahead of me in school.

히즈 어해드 어브 미 인 스쿨

---

04 이번 학기에는 몇 과목을 수강신청 했습니까?

How many courses are you taking this semester?

하우 메니 코스즈 아 유 테이킹 디스 씨메스터?

---

05 나는 결강하고 싶지 않습니다.

I don't want to cut class.

아이 돈ㅌ 원 투 컷 클래스

---

06 그는 수업 준비하느라 바쁩니다.

He's busy preparing for class.

히즈 비지 프리페어링 풔 클라스

07 그게 무슨 책이죠?

What's the book about?

왓츠 더 북 어바웃?

08 저는 수학적인 머리가 없는 것 같아요.

I don't think I have a mathematic brain.

아이 돈트 씽크 아이 해브 어 매쓰매틱 브레인

09 나는 장학금을 신청했습니다.

I applied for a scholarship.

아이 어플라이드 풔러 스칼러쉽

10 이건 제게 어려운 학과였어요.

This is been a hard course for me.

디스 이즈 빈 어 하드 코스 풔 미

11 우리는 그것을 암기하지 않으면 안 되었어요.

We had to learn it by heart.

위 해드 투 런 잇 바이 하트

12 그는 학교 성적이 매우 좋아진 것 같아요.

He seems to be getting on very well at school.

히 심즈 투 비 겟팅 안 베리 웰 앳 스쿨

13 그녀는 반에서 1등이에요.
She is at the top of her class.
쉬 이즈 앳 더 탑 어브 허 클래스

14 그녀는 동급생 중에서도 두드러집니다.
She is a cut above her classmates.
쉬 이즈 어 컷 어버브 허 클래스메이츠

15 그는 물리학에 뛰어난 사람이에요.
He's a bear for physics.
히즈 어 베어 풔 피직스

16 게시판에 뭐라고 씌어 있는 거예요?
What does the board say?
왓 더즈 더 보드 쎄이?

17 나는 맨 뒷자리에 앉기를 좋아해요.
I like to sit way in the back.
아이 라일 투 씻 웨이 인 더 백

18 너희들은 항상 붙어 다니는구나.
You always stick together.
유 올웨이즈 스틱 투게더

공부와 시험에 대해 말할 때

01 이제 공부를 좀 해야 할 것 같아요.
I think I have to hit the books now.
아이 씽크 아이 해브 투 힛 더 북스 나우

02 시험이 임박했어요.
Examination are at hand.
이그재머네이션 아 앳 핸드

03 열심히 공부하는 게 나쁠 건 하나도 없어요.
There's nothing wrong with hard work.
데어즈 낫씽 롱 위드 하드 웍

04 그는 밤중까지 공부를 해요.
He is burning the midnight oil.
히 이즈 버닝 더 미드나잇 오일

05 시험결과는 어떻게 되었나요?
How did the test turn out?
하우 디드 더 테스트 턴 아웃?

06 영어시험에서 100점을 받았습니다.
I got a hundred on the English test.
아이 갓 어 헌드레드 안 디 잉글리쉬 테스트

UNIT 02
현지에서 찐으로 통하는 회화는 따로 있다
직장 & 사업에 관한 표현

가장 많이 쓰이는 회화

직업이 무엇입니까?
What do you do?

저는 사무원이에요.
I'm an office worker.

그 회사에서 무슨 일을 하십니까?
What so you do at the company?

저는 영업부에서 일해요.
I work in the sales department.

직업에 대해 말할 때

01 직업이 무엇입니까?

What do you do?
왓 두 유 두?

What's your occupation?
왓츠 유어 아큐페이션?

What's your business?
왓츠 유어 비즈니스?

What is your job?
왓 이즈 유어 잡?

02 직업을 알려 주시겠습니까?

Would you let me know your occupation?
우드 유 렛 미 노우 유어 아큐페이션?

03 출판업에 종사하고 있습니다.

I'm in the publishing industry.
아임 인 더 퍼블리씽 인더스트리

04 저는 자영업자입니다.

I'm self-employed.
아임 셀프-임플러이드

05 저는 봉급생활자입니다.
I'm a salaried worker.
아임 어 샐러리드 워커

06 부업으로 보험 판매를 하고 있습니다.
I sell insurance on the side.
아이 셀 인슈어런스 안 더 사이드

07 저는 사무원이에요.
I'm an office worker.
아임 언 오피스 워커

08 저는 공무원이에요.
I'm a public officer.
아임 어 퍼블릭 오피서

09 저는 프리랜서예요.
I'm a freelancer worker.
아임 어 프리랜서 워커

10 저는 요리사예요.
I'm a chef.
아임 어 셰프

11 저는 전업주부예요.
I'm a homemaker.
아임 어 홈메이커

12 저는 노동 일을 해요.
I'm a laborer.
아임 어 레이버러

13 저는 선생님이에요.
I'm a teacher.
아임 어 티쳐

14 저는 간호사에요.
I'm a nurse.
아임 어 너스

15 지금은 일을 하지 않습니다.
I'm not working now.
아임 낫 워킹 나우

16 저는 지금 실업자입니다.
I'm unemployed right now.
아임 언임플로이드 롸잇 나우

사업에 대해 말할 때

01 사업은 잘 돼 갑니까?

How is business doing?

하우 이즈 비즈니스 두잉?

---

02 새로 시작한 사업은 어떠세요?

How's your new business coming?

하우즈 유어 뉴 비즈니스 커밍?

---

03 당신의 일은 어떻게 돼가고 있나요?

How's your job going?

하우즈 유어 잡 고잉?

---

04 당신 회사의 규모는 얼마나 큽니까?

How large is your company?

하우 라지 이즈 유어 컴퍼니?

---

05 사업이 잘 됩니다.

My business is brisk.

마이 비즈니스 이즈 브리스크

---

06 사업이 잘 안 됩니다.

My business is dull.

마이 비즈니스 이즈 덜

07 최근에 적자를 보고 있습니다.
We've has been in the red lately.
위브 해즈 빈 인 더 레드 래이틀리

08 늘 어렵습니다.
I'm in trouble all the time.
아임 인 트러벌 올 더 타임

09 그럭저럭 버텨 나가고 있습니다.
I'm just getting by.
아임 저스트 겟팅 바이

10 그는 재정적인 곤란을 겪고 있습니다.
He's having financial troubles.
히즈 해빙 파이낸셜 트러블즈

11 장사가 안 돼서 정말 문제예요.
My business is in trouble.
마이 비즈니스 이즈 인 트러블

12 그는 망해서 문을 닫았습니다.
He's gone out of business.
히즈 곤 아웃 어브 비즈니스

직장에 대해 말할 때

01 어디서 근무하세요?

Where do you work?

웨어 두 유 워크?

What company are you with?

왓 컴퍼니 아 유 위드?

02 무역 회사에 다닙니다.

I work for a trading company.

아이 워크 풔러 트레이딩 컴퍼니

03 회사는 어디에 있습니까?

Where's your office?

웨어즈 유어 오피스?

04 직책이 무엇입니까?

What's your job title?

왓츠 유어 잡 타이틀?

What position do you hold?

왓 퍼지션 두 유 홀드?

05 그 회사에서 무슨 일을 하십니까?

What so you do at the company?

왓 쏘 유 두 앳 더 컴퍼니?

06 어느 부서에서 근무하세요?

What department do you work in?
왓 디파트먼트 두 유 워크 인?

07 저는 영업부에서 일해요.

I work in the sales department.
아이 워크 인 더 쎄일즈 디파트먼트

08 저는 경리부에서 일해요.

I work in the accounting department.
아이 워커 인 디 어카운팅 디파트먼트

09 저는 총무부에서 일해요.

I work in the general affairs department.
아이 워크 인 더 제너럴 어페어즈 디파트먼트

10 저는 기획부에서 일해요.

I work in the planning department.
아이 워크 인 더 플레이닝 디파트먼트

11 저는 A/S부에서 일해요.

I work in the service department.
아이 워크 인 더 써비스 디파트먼트

출퇴근에 대해 말할 때

01 어떻게 출근하세요?

How do you get to work?

하우 두 유 겟 투 워크?

---

02 몇 시까지 출근합니까?

What time do you report to work?

왓 타임 두 유 리포트 투 워크?

---

03 출근하는데 시간이 얼마나 걸려요?

How long does it take you to commute?

하우 롱 더즈 잇 테익 유 투 커뮤트?

---

04 대게 지하철을 이용해서 출근해요.

I usually take the subway to get to work.

아이 유쥬얼리 테익 더 서브웨이 투 겟 투 워크

---

05 사무실이 집에서 가까워요.

The office is near my house.

디 오피스 이즈 니어 마이 하우스

---

06 몇 시에 퇴근하십니까?

What time do you get off work?

왓 타임 두 유 겟 어프 워크?

근무에 대해 말할 때

01 거기서 근무하신 지는 얼마나 됐습니까?

How long have you worked there?

하우 롱 해브 유 웍트 데어?

02 회사는 언제 입사하셨습니까?

What are your hours of work?

왓 아 유어 아워즈 어브 웍?

03 근무 시간이 어떻게 됩니까?

What are the regular work hours?

왓 아 더 레귤러 웍 아워즈?

04 저희 회사는 주 5일제 근무입니다.

Our company has a five-day week.

아워 컴퍼니 해즈 어 파이브-데이 웍

05 저희는 격주로 토요일에는 쉽니다.

We get every other Saturday.

위 겟 애브리 아더 새러데이

06 저는 오늘밤 야근이에요.

I'm on duty tonight.

아임 안 듀티 투나잇

183

급여에 대해 말할 때

01 급여를 어떤 식으로 받으세요?

How do you get paid?

하우 두 유 겟 페이드?

---

02 월급으로 받습니다.

I'm paid every month.

아임 페이드 애브리 먼쓰

---

03 연봉이 얼마나 됩니까?

What's your yearly salary?

왓츠 유어 이어리 샐러리?

---

04 월급날이 언제입니까?

When is your payday?

웬 이즈 유어 페이데이?

---

05 오늘이 월급날이에요.

Today is payday.

투데이 이즈 페이데이

---

06 일하는 시간에 비하면 매우 낮아요.

It's very low for my work hours.

잇츠 베리 로우 풔 마이 워크 아워즈

승진에 대해 말할 때

01 저 부장으로 승진했어요.

I was promoted to a manager.

아이 워즈 프러모티드 투 어 매니져

02 언제 부장이 되셨어요?

When did you become manager?

웬 디드 유 비컴 매니져?

03 우리 회사에서는 승진하기가 어려워요.

It's hard to move up in our company.

잇츠 하드 투 무브 업 인 아워 컴퍼니

04 그의 승진은 이례적이었어요.

His promotion was unusual.

히즈 프로모션 워즈 언유쥬얼

05 승진은 성적에 달렸어요.

Promotion goes by merit.

프러모우션 고우즈 바이 메릿

06 내년에는 승진하시길 바랍니다.

I hope you will be promoted next year.

아이 호프 유 윌 비 프러모티드 넥스트 이어

휴가에 대해 말할 때

01 휴가는 며칠이나 됩니까?

How many vacation days do you have?

하우 메니 베이케이션 데이즈 두 유 해브?

---

02 휴가 계획을 세우셨어요?

Have you planned your vacation yet?

해브 유 플랜드 유어 베이케이션 옛?

---

03 당신의 휴가는 언제 시작되죠?

When does your vacation start?

웬 더즈 유어 베이케이션 스타트?

---

04 휴가 언제 떠나세요?

When are you leaving for your vacation?

웬 아 유 리빙 풔 유어 베이케이션?

---

05 너무 바빠서 휴가를 가질 여유가 없어요.

I'm too busy to take holidays.

아임 투 비지 투 테잌 할러데이즈

---

06 다음 주에 이틀 정도 휴가를 얻고 싶습니다.

I want to take a couple of days off next week.

아이 원 투 테잌 어 커플 어브 데이즈 어프 넥스트 위크

직장상사에 대해 말할 때

01 상사가 누구입니까?

Who is your boss?

후 이즈 유어 보스?

---

02 당신 상사와의 사이가 어떠세요?

How do you stand with your boss?

하우 두 유 스탠드 위드 유어 보스?

---

03 저는 제 상사를 존경합니다.

I respect my boss.

아이 리스팩트 마이 보스

---

04 그분은 매우 관대합니다.

He's very generous.

히즈 베리 제너러스

---

05 그는 잔소리가 심해요.

He nags too much.

히 네그즈 투 머치

---

06 그분은 정말 으스대요.

He's really bossy.

히즈 리얼리 보씨

사직·퇴직에 대해 말할 때

01 도대체 왜 사직하셨어요?

What's all this about resigning?

왓츠 올 디스 어바웃 리자이닝?

---

02 당신 회사는 정년이 몇 살입니까?

What's the age of retirement in your company?

왓츠 디 에이지 어브 리타이어먼트 인 유어 컴퍼니?

---

03 언제 퇴직하십니까?

When are you going to retire?

웬 아 유 고잉 투 리타이어?

---

04 이 일에는 안 맞는 것 같아요.

Maybe I'm not suited to this business.

메이비 아임 낫 슈티드 투 디스 비즈니스

---

05 그만두기로 결심했어요.

I've decide to quit my job.

아이브 디싸이드 투 큇 마이 잡

---

06 새로운 직업이 마음에 드세요?

How do you like your new job?

하우 두 유 라잌 유어 뉴 잡?

접수처에서 손님을 맞을 때

01 누구십니까?

May I have your name, please?

메- 아이 해브 유어 네임, 플리즈?

---

02 무슨 용건이십니까?

May I help you?

메- 아이 핼프 유?

---

03 약속은 하셨습니까?

Do you have an appointment?

두 유 해브 언 어포인트먼트?

---

04 잠시 기다려 주십시오.

Please take a seat for a minute.

플리즈 테잌 어 씻 풔 어 미닛츠

---

05 죄송합니다만, 외출중입니다.

I'm sorry, but he is out now.

아임 쏘리, 벗 히 이즈 아웃 나우

---

06 대략 10분 정도면 여기 오십니다.

He'll be here in ten minutes.

히윌 비 히어 인 텐 미닛츠

외국손님을 접대할 때

01 실례합니다. 토마스씨입니까?

Excuse me. Are you Mr. Thomas?

익스큐즈미. 아 유 미스터 토마스?

02 처음 뵙겠습니다. 토마스씨.

How do you do, Mr. Thomas.

하우 두 유 두, 미스터 토마스

03 만나서 무척 반갑습니다.

I'm very happy to meet you.

아임 베리 해피 투 밋츄

04 한국에 잘 오셨습니다.

Welcome to Korea!

웰컴 투 코리아!

05 이 전화번호로 저에게 연락이 가능합니다.

You can reach me at this number.

유 캔 리취 미 앳 디스 넘버

06 여기가 저희 회사 본사입니다.

This is main office.

디스 이즈 메인 오피스

07 제가 회의실로 모시겠습니다.

Let me take you to the boardroom.

렛 미 테잌 유 투 더 보어드룸

08 지금부터 회의를 시작하려 합니다.

I'd like to get things started.

아이드 라잌 투 겟 씽즈 스타트

09 당사는 50여 년 전에 창립되었습니다.

Our company is established in 50 years ago.

아워 컴퍼니 이즈 이스테블리쉬드 인 피프티 이어즈 어고우

10 당사는 여성화장품을 수입 판매하고 있습니다.

We import and sales of women's cosmetics.

위 임폴트 앤드 세일즈 어브 우먼스 코스메틱

11 주거래처는 미국과 일본입니다.

Major customers are in United States and Japan.

메이저 커스터머스 아 인 유나이트 스테이츠 앤 재팬

12 저희 회사를 찾아주셔서 감사합니다.

Thank you for visiting our company.

땡큐 풔 비지팅 아워 컴퍼니

UNIT 03

현지에서 찐으로 통하는 회화는 따로 있다

여가&취미에 관한 표현

가장 많이 쓰이는 회화

취미가 뭡니까?
What is your hobby?

제 취미는 음악 감상입니다.
My hobby is listening to music.

어떤 스포츠를 좋아합니까?
What's your favorite sport?

테니스를 좋아합니다.
I like playing tennis.

> 여가에 대해 말할 때

01 주말에는 주로 무엇을 합니까?

What do you usually do on weekend?

왓 두 유 유쥬얼리 두 안 위캔드?

---

02 주말에는 텔레비전을 보면서 시간을 보냅니다.

I pass the time watching TV on weekends.

아이 패스 더 타임 워칭 티비 안 위캔즈

---

03 여가에 무엇을 하십니까?

What do you do in your spare time?

왓 두 유 두 인 유어 스페어 타임?

---

04 여가를 어떻게 보내세요?

How do you spend your leisure time?

하우 두 유 스팬드 유어 리져 타임?

---

05 기분전환으로 무엇을 하십니까?

What do you do for relaxation?

왓 두 유 두 풔 릴렉쉐이션?

---

06 일과 후에 무엇을 하세요?

What do you do when you have time off?

왓 두 유 두 웬 유 해브 타임 오프?

193

취미에 대해 말할 때

01 취미가 뭡니까?

What is your hobby?

왓 이즈 유어 하비?

---

02 무엇에 흥미가 있으세요?

What are you interested in?

왓 아 유 인터어레스티드 인?

---

03 특별한 취미가 있습니까?

Do you have any particular hobbies?

두 유 해브 애니 파티큘러 하비즈?

---

04 우표 수집을 좋아합니다.

I go in for stamp collecting.

아이 고 인 풔 스탬프 컬렉팅

---

05 제 취미는 음악 감상입니다.

My hobby is listening to music.

마이 하비 이즈 리스닝 투 뮤직

---

06 저의 취미는 다양해요.

My interests are varied.

마이 인트러스트스 아 배어리드

> 스포츠에 대해 말할 때

01 어떤 스포츠를 좋아합니까?

What's your favorite sport?
왓츠 유어 페이버릿 스포츠?

02 운동을 좋아합니까?

Do you like to exercise?
두 유 라잌 투 엑서싸이즈?

03 나는 운동하는 걸 좋아합니다.

I like playing sports.
아이 라잌 플레잉 스포츠

04 저는 운동을 잘 못합니다.

I'm not very good at sports.
아임 낫 베리 굿 앳 스포츠

05 나는 스포츠에 관심이 없습니다.

I'm not interested in sports.
아임 낫 인터어레스티드 인 스포츠

06 나는 겨울 스포츠를 좋아합니다.

I love winter sports.
아이 러브 윈터 스포츠

07 나는 스포츠 중에 농구를 가장 좋아합니다.
I like basketball best of all sports.
아이 라일 배스킷볼 베스트 어브 올 스포츠

08 그는 운동신경이 발달되었습니다.
He's got good motor skills.
히즈 갓 굿 모터 스킬스

09 나는 축구팀의 후보 선수입니다.
I'm just a bench warmer on the football team.
아임 저스트 어 벤취 워머 안 더 풋볼 팀

10 골프 치는 것을 좋아하세요?
Do you like playing golf?
두 유 라일 플레잉 골프?

11 저는 텔레비전으로 야구경기 보는 것을 좋아합니다.
I like watching baseball game on TV.
아이 라일 워칭 베이스볼 게임 안 티비

12 매일 아침 조깅하러 갑니다.
I go jogging every morning.
아이 고 쟈깅 애브리 모닝

13 테니스를 좋아합니다.
I like playing tennis.
아이 라잌 플레잉 테니스

14 테니스 레슨을 받은 적이 있으세요?
Have you ever taken tennis lessons?
해브 유 에버 테이컨 테니스 레슨즈?

15 스키를 좋아하세요?
Do you enjoy skiing?
두 유 인죠이 스킹?

16 가끔 스키를 타러 가세요?
Do you go skiing sometimes?
두 유 고 스킹 썸타임즈?

17 스키를 타 본 적이 없습니다.
I never went skiing.
아이 네버 웬트 스킹

18 수영하러 갑시다.
Let's go swimming.
렛츠 고 스위밍

> 여행에 대해 말할 때

01 나는 여행을 좋아합니다.

I love traveling. / I enjoy traveling.

아이 러브 트레블링 / 아이 인죠이 트래블링

---

02 어디로 휴가를 가셨어요?

Where did you go on vacation?

웨어 디드 유 고 안 베이케이션?

---

03 유원지로요.

To a resort.

투 어 리조트

---

04 도회지를 빠져나가는 걸 좋아합니다.

I enjoy getting away from the city.

아이 인죠이 겟팅 어웨이 프럼 더 씨티

---

05 해외여행을 가신 적이 있습니까?

Have you ever traveled overseas?

해브 유 에버 트래블드 오버씨즈?

---

06 해외여행은 이번이 처음입니다.

This is my first trip overseas.

디스 이즈 마이 퍼스트 트립 오버씨즈

07 그곳에 얼마나 계셨습니까?

How long did you stay there?

하우 롱 디드 유 스테이 데어?

08 언젠가 세계일주를 하고 싶어요.

I want to go around the world some day.

아이 원 투 고 어롸운드 더 월드 썸 데이

09 여행은 어땠어요?

How was your trip?

하우 워즈 유어 트립?

10 여행은 매우 귀찮은거 같아요.

Traveling is tiresome.

트레블링 이즈 타이어썸

11 여행은 즐거우셨나요?

Did you have a good trip?

디드 유 해브 어 굿 트립?

12 얼마나 가 계셨어요?

How long have you been gone?

하우 롱 해브 유 빈 곤?

독서에 대해 말할 때

01 어떤 책을 즐겨 읽으십니까?

What kind of books do you like to read?
왓 카인드 어브 북스 두 유 라익 투 리드?

---

02 책을 자주 읽으시죠?

Do you read a lot?
두 유 리드 어 랏?

---

03 한 달에 책을 몇 권 정도 읽습니까?

How many books do you read a month?
하우 매니 북스 두 유 리드 어 먼쓰?

---

04 주로 로맨스를 읽습니다.

I usually read romance novels.
아이 유쥬얼리 리드 로맨스 노벌즈

---

05 그 책은 처음부터 끝까지 다 읽었어요.

I read the book from cover to cover.
아이 리드 더 북 프롬 커버 투 커버

---

06 이 책은 재미없어요.

This book is dull reading.
디스 북 이즈 덜 리딩

07 이 책은 지루해요.
This book bores me.
디스 북 보어즈 미

08 그녀는 책벌레입니다.
She is a bookworm.
쉬 이즈 어 북웜

09 저는 항상 책을 가지고 다닙니다.
I'm always carrying a book.
아임 올웨이즈 캐링 어 북

10 좋아하는 작가는 누구입니까?
Who is your favorite author?
후 이즈 유어 페이버릿 아써?

11 요즘 베스트셀러는 무엇입니까?
What's the current bestseller?
왓츠 더 커런트 베스트셀러?

12 요즘 읽을 만한 좋은 책 있나요?
Have you read any good books recently?
해브 유 리드 애니 굿 북스 리센틀리?

> 영화에 대해 말할 때

01 어떤 영화를 좋아하세요?

What kind of movies do you like?
왓 카인드 어브 무비즈 두 유 라익?

02 액션 영화를 좋아합니다.

I like action movies.
아이 라익 액션 무비즈

03 스릴 있는 영화를 좋아합니다.

I like thrilling movies.
아이 라익 스릴링 무비즈

04 우리는 가끔 영화관에 갑니다.

We go to the theater sometimes.
위 고 투 더 씨어터 썸타임즈

05 영화를 자주 보러 갑니까?

Do you go to the movies very often?
두 유 고 투 더 무비즈 베리 오픈?

06 저는 거의 영화를 보러 가지 않아요.

I rarely go to the movies.
아이 레어리 고 투 더 무비즈

07 저는 영화광입니다.
I'm a film buff.
아임 어 필름 버프

08 가장 좋아하는 영화배우가 누구에요?
Who do you like best among movie stars?
후 두 유 라잌 베스트 어멍 무비 스타스?

09 그 영화의 주연은 누구입니까?
Who is starring in the movies?
후 이즈 스타링 인 더 무비스?

10 영화관에서 지금 어떤 영화를 상영하고 있나요?
What's on at the theater?
왓츠 안 앳 더 씨어터?

11 상영 기간은 언제까지입니까?
How long will it be running?
하우 롱 윌 잇 비 러닝?

12 최근에 어떤 영화를 보았습니까?
What was the movies you saw lately?
왓 워즈 더 무비즈 유 쏘우 레이틀리?

음악에 대해 말할 때

01 어떤 음악을 좋아하세요?

What kind of music do you like?

왓 카인드 어브 뮤직 두 유 라잌?

02 팝송을 좋아합니다.

I like popular songs.

아이 라잌 팝퓰러 쏭즈

03 좋아하는 가수가 누구예요?

Who is your favorite singer?

후 이즈 유어 페이버릿 씽어?

04 가장 좋아하는 노래는 무엇입니까?

What's your favorite song?

왓츠 유어 페이버릿 쏭?

05 악기를 연주할 줄 압니까?

Do you play any musical instruments?

두 유 플레이 애니 뮤지컬 인스트러먼트스?

06 저는 노래는 못해요.

I'm poor at singing.

아임 푸어 앳 씽잉

그림에 대해 말할 때

01 이 그림 한번 보세요.

Just look at this picture.

저스트 룩 앳 디스 픽쳐

---

02 좋아하는 화가는 누군가요?

Who's your favorite artist?

후즈 유어 페이버릿 아티스트?

---

03 저는 미술 작품 감상을 좋아합니다.

I enjoy looking at art collections.

아이 인죠이 룩킹 앳 아트 컬렉션즈

---

04 저는 미술관에 자주 갑니다.

I often go to art galleries.

아이 오픈 고 투 아트 갤러리즈

---

05 이 그림이 어디가 그렇게 좋은가요?

What makes this painting so good?

왓 메익스 디스 페인팅 쏘 굿?

---

06 저는 미술품 수집을 좋아합니다.

I like collecting art.

아이 라익 콜렉팅 아트

현지에서 찐으로 통하는 회화는 따로 있다

UNIT 04
초대&방문&약속에 관한 표현

가장 많이 쓰이는 회화

오늘 저녁에 시간이 있나요?
Are you free this evening?

오늘 저녁은 안 되겠습니다.
I'd rather not this evening.

잠깐 만날 수 있을까요?
Can I see you for a moment?

좋아요, 시간 괜찮아요.
Yeah, I'm free.

초대를 제안할 때

01 오늘 저녁에 시간이 있나요?

Are you free this evening?

아 유 프리 디스 이브닝?

---

02 오늘밤에 할 일이 있으십니까?

Are you doing anything tonight?

아 유 두잉 애니씽 투나잇?

---

03 이번 토요일에 무엇을 하실 건가요?

What are you doing this Saturday?

왓 아 유 두잉 디스 쌔러데이?

---

04 저녁 식사하러 우리 집에 오실래요?

Will you come to my house for dinner?

윌 유 컴 투 마이 하우스 풔 디너?

---

05 제 생일파티에 참가할 수 있나요?

How about coming to my birthday party?

하우 어버웃 컴잉 투 마이 벌쓰데이 파티?

---

06 제 초청을 받아 주시겠어요?

Would you care to be my guest?

우드 유 케어 투 비 마이 게스트?

> 초대를 승낙할 때

01 그거 좋죠.

That's great.

댓츠 그레잇

---

02 기꺼이 그렇게 하겠습니다.

I'd be happy to.

아이드 비 해피 투

---

03 그거 아주 좋겠는데요.

That sounds great.

댓 사운즈 그래잇

---

04 저는 좋습니다.

That's fine with me.

댓츠 파인 위드 미

---

05 고맙습니다. 그러죠.

Thank you, I will.

땡큐, 아이 윌

---

06 초대해 주셔서 감사합니다.

Thank you for inviting me.

땡큐 풔 인바이팅 미

> 초대를 거절할 때

01 죄송하지만, 그럴 수 없습니다.
I'm sorry, but I can't.
아임 쏘리, 벗 아이 캔트

02 정말 죄송합니다. 하지만 오늘은 너무 바빠서 꼼짝할 수가 없습니다.
I'm really sorry, but I'm tied up today.
아임 리얼리 쏘리, 벗 아임 타이드 업 투데이

03 유감스럽지만 못 갈 것 같군요.
I'm afraid not.
아임 어프레이드 낫

04 그럴 수 있다면 좋겠군요.
I wish I could.
아이 위시 아이 쿠드

05 그러고 싶지만 오늘밤은 이미 계획이 있습니다.
I'd love to, but I already have plans tonight.
아이드 러브 투, 벗 아이 얼레디 해브 플랜즈 투나잇

06 오늘 저녁은 안 되겠습니다.
I'd rather not this evening.
아이드 래더 낫 디스 이브닝

손님 마중과 방문을 할 때

01 초대해 주셔서 기쁩니다.
Thank you for having me.
땡큐 풔 해빙 미

02 와 주셔서 감사합니다.
Thank you for coming.
땡큐 풔 컴잉

03 어서 들어오십시오.
Please come in.
플리즈 컴 인

04 이쪽으로 오시죠.
Why don't you come this way?
와이 돈ㅌ 유 컴 디스 웨이?

05 오시는 길에 고생하지 않으셨어요?
Did you have any trouble getting here?
디드 유 해브 애니 트러블 겟팅 히어?

06 조그만 선물입니다.
Here's something for you.
히어즈 썸씽 풔 유

07 편히 하세요.

Make yourself at home.

메익 유어셀프 앳 홈

08 아주 멋진 집이군요.

You have a very nice home.

유 해브 어 베리 나이스 홈

09 저녁식사 준비가 되었습니다.

Dinner is ready.

디너 이즈 레디

10 뭐 좀 마시겠습니까?

Would you like something to drink?

우드 유 라잌 썸씽 투 드링?

11 어서 드십시오.

Go ahead and start eating.

고 어해드 앤 스타트 이팅

12 잘 먹었습니다.

I've enough. / I'm satisfied, thank you.

아이브 이너프 / 아임 세티스파이드, 땡큐

방문을 마치고 돌아갈 때

01 이만 돌아가 봐야겠어요.

I've come to say goodbye.
아이브 컴 투 쎄이 굿바이

I think I should be going now.
아이 씽크 아이 슈드 비 고잉 나우

02 늦어서 가 봐야겠어요.

Oh, I'm late. I should be going.
오, 아임 레이트. 아이 슈드 비 고잉

03 가셔야 된다니 아쉽네요.

It's too bad you have to go.
잇츠 투 배드 유 해브 투 고

04 아주 즐거웠습니다.

I had a very good time.
아이 해드 어 베리 굿 타임

05 와 주셔서 감사합니다.

I'm glad you came.
아임 글래드 유 케임

약속을 제안할 때

01 이번 주말에 시간 있으세요?
Are you free this weekend?
아 유 프리 디스 위켄드?

02 시간 좀 있어요?
Do you have a minute?
두 유 해브 어 미닛?

03 잠깐 만날 수 있을까요?
Can I see you for a moment?
캔 아이 씨 유 풔러 모먼트?

04 언제 한 번 만나요.
Let's together sometime.
렛츠 투게더 썸타임

05 내일 약속 있으세요?
Do you have any appointments tomorrow?
두 유 해브 애니 어포인트먼츠 투머로우?

06 오늘 오후에 시간이 있습니까?
Do you have time this afternoon?
두 유 해브 타임 디스 애프터눈?

약속제안에 응답할 때

01 왜 그러는데요?

Why do you ask?

와이 두 유 애스크?

---

02 무슨 일로 절 만나자는 거죠?

What do you want to see me about?

왓 두 유 원 투 씨 미 어바웃?

---

03 좋아요, 시간 있어요.

Yeah, I'm free.

예, 아임 프리

---

04 이번 주말에 다른 계획이 없어요.

I have no particular plans for this weekend.

아이 해브 노 퍼티컬러 플랜스 풔 디스 위캔드

---

05 미안해요, 오늘 제가 좀 바빠서요.

I'm sorry, I'm little busy today.

아임 쏘리, 아임 리틀 비지 투데이

---

06 오늘 누가 오기로 돼 있어요.

I'm expecting visitors today.

아임 익스펙팅 비지터즈 투데이

약속시간과 장소를 정할 때

01 몇 시로 했으면 좋겠어요?
What time is good for you?
왓 타임 이즈 굿 풔 유?

02 언제 만나면 될까요?
When can we meet?
웬 캔 위 밋?

03 몇 시가 편하세요?
What time will you be available.
왓 타임 윌 유 비 어베일러벌

04 3시는 괜찮은가요?
Is three o'clock OK for you?
이즈 쓰리 어클락 오케이 풔 유?

05 어디서 만나지요?
Where should we make it?
웨어 슈드 위 메이크 잇?

06 네가 장소를 결정해.
You pick the place.
유 픽 더 플레이스

현지에서 찐으로 통하는 회화는 따로 있다

컴퓨터&핸드폰에 관한 표현

가장 많이 쓰이는 회화

내 컴퓨터가 점점 느려져요.
My computer is getting slower.

휴지통에 있는 파일을 지우세요.
Delete the garbage data.

핸드폰을 잃어버렸어요.
I've lost my cell phone.

핸드폰 새로 사셨어요?
Did you get a new cell phone?

컴퓨터 사용하기

01 최신 컴퓨터를 샀어요.

I bought the latest computer.

아이 밧 더 래이더스트 컴퓨러

---

02 나는 데스크탑보다는 노트북을 더 선호합니다.

I prefer a laptop than a desktop.

아이 프리퍼 어 랩탑 댄 어 데스크탑

---

03 내 컴퓨터는 느려서 사용 할 수가 없어요.

I can't use my computer is so slow.

아이 캔트 유즈 마이 컴퓨러 이즈 쏘 슬로우

---

04 우리는 정말 컴퓨터 없이 할 수 있는 일이 없습니다.

We can't really do any work without a computer anymore.

위 캔트 리얼리 두 애니 웍 윗아웃 어 컴퓨러 애니모어

---

05 컴퓨터는 사용하기 어렵습니다.

Computers are difficult to use.

컴퓨터즈 아 디피컬트 투 유즈

---

06 당신은 컴퓨터를 능숙하게 사용하시네요. 그렇죠?

You're pretty good on the computer, aren't you?

유어 프리티 굿 안 더 컴퓨러, 안츄?

07 여전히 많은 것을 배워야 합니다.
I've still got a lot to learn.
아이브 스틸 갓 어 랏 투 런

08 요즘은 학교에서도 컴퓨터를 배웁니다.
Learn computer in school these days.
런 컴퓨러 인 스쿨 디즈 데이즈

09 나는 컴퓨터로 디자인을 배웁니다.
I have learned computer for design.
아이 해브 런드 컴퓨러 풔 디자인

10 컴퓨터 사용법을 알려주시겠어요?
Would you show me how to use this computer?
우드 유 쇼 미 하우 투 유즈 디스 컴퓨러?

11 이 프로그램은 사용하기 쉽다.
This program is easy to use.
디스 프로그램 이즈 이지 투 유즈

12 거의 모든 보고서는 PDF 형식으로 가능합니다.
Almost every report is available in PDF format.
올모스트 애브리 리포트 이즈 어벨러블 인 피디에프 포맷

컴퓨터 사용 시 트러블

01 내 컴퓨터가 점점 느려져요.
My computer is getting slower.
마이 컴퓨터 이즈 겟팅 슬로우어

---

02 바이러스 퇴치 프로그램을 사용하지 그래요?
Why don't you use anti-virus software?
와이 돈트 유 유즈 안티 바이러스 소프트웨어?

---

03 휴지통에 있는 파일을 지우세요.
Delete the garbage data.
딜릿 더 가베이지 데이터

---

04 파일을 열 수가 없어요.
I can't open the file.
아이 캔트 오픈 더 파일

---

05 내 모든 데이터가 손실 된 것 같아요.
It seems I've lost all my data.
잇 심즈 아이브 로스트 올 마이 데이터

---

06 이 USB는 이미 가득찼어요.
This USB is already full.
디스 유에스비 이즈 얼레디 풀

07 컴퓨터가 작동을 안해요.

Computer stopped working.

컴퓨터 스탑드 워킹

08 컴퓨터가 다운 됐어요.

My computer crashed.

마이 컴퓨터 크래쉬트

09 비밀번호를 잊어버렸어요.

I don't remember the password.

아이 돈ㅌ 리멤버 더 패스워드

10 디스크 포멧을 어떻게 하면 되나요.?

How do you format discs?

하우 두 유 포멧 디스크스?

11 당신은 컴퓨터를 초기화 해야 합니다.

You have to initialize the computer.

유 해브 투 이니셜라이즈 더 컴퓨터

12 컴퓨터 수리하는 곳이 어디죠?

Where were you to computer repair?

웨어 워 유 투 컴퓨터 리페어?

인터넷 이용하기

01 당신의 이메일 주소를 알려주시겠어요?

Can you tell me your email address?

캔 유 텔 미 유어 이메일 애드레스?

---

02 어떤 종류의 사이트를 자주 보세요?

What kind of websites do you often look at?

왓 카인드 어브 웹사이트 두 유 오픈 룩 앳?

---

03 나는 주로 뉴스와 경제 사이트를 봅니다.

I often visit sites on news and economy

아이 오픈 비짓 사이트 안 뉴즈 앤 이커너믹

---

04 저는 또한 모든 쇼핑에 인터넷을 이용해요.

I also use the Internet all the time for shopping.

아이 올소우 유즈 디 인터넷 올 더 타임 풔 샤핑

---

05 나는 내 블로그를 시작했어요

I started my own blog.

아이 스타트이드 마이 온 블로그

---

06 오늘 내 블로그를 업데이트 했어요.

I have to update my blog today.

아이 해브 투 업데이트 마이 블로그 투데이

07 이 사이트를 즐겨찾기 하고 싶어요.
I'd like to bookmark this site.
아이드 라익 투 북마크 디스 사이트

08 인터넷 연결이 안됩니다.
The Internet connection isn't working.
디 인터넷 커넥션 이즌트 워킹

09 당신 회사의 홈페이지 주소를 알려주세요.
Your company's web address, please.
유어 컴퍼니스 웹 애드레스, 플리즈

10 트위터와 페이스북으로 정말로 내 세상은 더 넓어졌다.
Twitter and Facebook have really broadened my world.
트위터 앤 페이스북 해브 리얼리 브로던드 마이 월드

11 인터넷 뱅킹을 신청하고 싶습니다.
I would like to apply for internet banking.
아이 우드 라익 투 어플라이 풔 인터넷 뱅킹

12 사진과 이메일을 보내드리겠습니다
I'll send you an e-mail with the photo.
아윌 샌드 유 언 이메일 위드 더 포토

핸드폰 이용 시

01 핸드폰을 잃어버렸어요.

I've lost my cell phone.

아이브 로스트 마이 셀 폰

02 핸드폰 새로 사셨어요?

Did you get a new cell phone?

디드 유 겟 어 뉴 셀 폰?

03 내 핸드폰은 구식이에요.

My cell phone is an old model.

마이 셀 폰 이즈 언 올드 모델

04 최신형 핸드폰은 너무 비싸요.

New cell phone is too expensive.

뉴 셀 폰 이즈 투 익스펜시브

05 내 핸드폰의 뱃터리가 떨어졌어요.

The battery of my cell phone is dead.

더 배터리 어브 마이 셀 폰 이즈 데드

06 내 어댑터를 사용하세요.

Go ahead and use my power adapter.

고 어헤드 앤 유즈 마이 파워 어댑터

07 전화번호가 모두 날라갔어요.

My address list is gone.

마이 애드레스 리스트 이즈 곤

08 당신 핸드폰 번호 좀 알려주세요.

Please tell me your cell phone number?

플리즈 텔 미 유어 셀 폰 넘버?

09 영화관에서는 휴대전화를 꺼 주세요.

Turn it off a cell phone in the movies.

턴 잇 오프 어 셀 폰 인 더 무비즈

10 당신은 휴대전화로 게임하는 것을 좋아하나요?

Do you like playing games on their cell phones?

두 유 라잌 플레잉 게임즈 안 데어 셀 폰즈?

11 요즘은 핸드폰 없이 아무것도 못하겠어요.

These days, I can't do anything without my cell phone.

디즈 데이즈 아이 캔트 두 애니씽 윗아웃 마이 셀 폰

12 이곳은 와이파이가 됩니까?

This place has Wi-Fi is?

디스 플레이스 해즈 와이파이 이즈?

찐으로 통하는 회화는 따로 있다

의견표현

PART 05

UNIT 01

현지에서 찐으로 통하는 회화는 따로 있다

의견&질문&제안에 관한 표현

가장 많이 쓰이는 회화

이걸 어떻하면 될까요?
What should I do with this?

좋으실 대로 하세요.
It's up to you.

질문 하나 있습니다.
May I ask you a question?

좋습니다.
OK.(All right.)

 의견을 물을 때

01 이 문제에 대하여 어떻게 생각하세요.

What do you think about this problem.

왓 두 유 씽크 어바웃 디스 프라브럼

02 이걸 어떻게 하면 될까요?

What should I do with this?

왓 슈드 아이 두 위드 디스?

03 새 직업은 마음에 드세요?

How do you like your new job?

하우 두 유 라잌 유어 뉴 잡?

04 그게 어때서 그렇습니까?

What's the matter with it?

왓츠 더 매더 위드 잇?

05 자, 이제 어떡하면 되겠습니까?

Now, what am I going to do?

나우, 왓 엠 아이 고잉 투 두?

06 약속을 취소해도 될까요?

Can I call off the appointment?

캔 아이 콜 오프 디 어포인트먼트?

07 잠깐 좀 볼 수 있을까요?

May I see you for a moment?

메- 아이 씨 유 풔러 모먼트?

08 제가 무엇을 했으면 합니까?

What do you want me to do?

왓 두 유 원트 미 투 두?

09 어떻게 뾰족한 수가 없을까요?

Isn't there any way out?

이즌트 데어 애니 웨이 아웃?

10 제때에 갈 수 있겠어요?

Can you make it on time?

캔 유 메익 잇 안 타임?

11 이만하면 괜찮지요?

Do I look all right?

두 아이 룩 올 롸잇?

12 제가 싫다고 하면 어떻게 되는 거죠?

What if I say no?

왓 이프 아이 쎄이 노?

의견에 대한 긍정을 할 때

01 당신의 의견에 동의합니다.
I'm for your opinion.
아임 풔 유어 오피니언

---

02 제가 보기에 그 아이디어는 아주 훌륭해요.
The idea strikes me as a good one.
디 아이디어 스트라잌스 미 애즈 어 굿 원

---

03 흥미 있는 얘기입니다.
That sounds like fun.
댓 싸운즈 라잌 펀

---

04 좋으실 대로 하세요.
It's up to you.
잇츠 업 투 유

---

05 그거 괜찮은데요.
That's not bad.
댓츠 낫 배드

---

06 당신이 옳은 것 같아요.
I'll bet you're right.
아윌 뱃 유어 롸잇

의견에 대한 부정을 할 때

01 잘 모르겠는데요.
I'm afraid I don't know.
아임 어프레이드 아이 돈ㅌ 노우

---

02 그것도 역시 효과가 없을 거예요.
That won't do, either.
댓 워운트 두, 이더

---

03 하지 않는 것이 좋을 것 같아요.
I'm afraid I'd better not.
아임 어프레이드 아이드 배러 낫

---

04 기대하지 말아요.
Don't get your hopes up.
돈ㅌ 겟 유어 홉스 업

---

05 나는 결사반대입니다.
I'm dead set against it.
아임 데드 셋 어게인스트 잇

---

06 마음이 내키지 않아요.
I don't feel up to it.
아이 돈ㅌ 필 업 투 잇

질문을 할 때

01 질문 하나 있습니다.

I have a question. / May I ask you a question?

아이 해브 어 퀘스쳔 / 메- 아이 애스큐 유 어 퀘스쳔?

---

02 구체적인 질문 몇 가지를 드리겠습니다.

Let me ask you some specific questions.

렛 미 애스크 유 썸 스퍼시픽 퀘스쳔즈

---

03 사적인 질문을 하나 해도 되겠습니까?

May I ask you a personal question?

메- 아이 애스크 유 어 퍼서널 퀘스쳔?

---

04 단도직입적으로 질문을 해도 괜찮겠습니까?

Do you mind if I ask you some point-blank questions?

두 유 마인드 이프 아이 애스크 유 썸 포인트-블랭 퀘스쳔즈?

---

05 당신에게 질문할 게 많이 있습니다.

I have a lot of questions for you.

아이 해브 어 랏 어브 퀘스쳔즈 풔 유

---

06 내 질문에 답을 하세요.

Please answer to my question.

플리즈 앤써 투 마이 퀘스쳔

 질문에 답변할 때

01 제가 어떻게 알겠어요?

How should I know that?

하우 슈드 아이 노우 댓?

---

02 좋은 질문입니다.

Good question.

굿 퀘스쳔

---

03 답변하고 싶지 않습니다.

I don't owe you an explanation.

아이 돈ㅌ 오유 언 엑스플러네이션

---

04 뭐라고 대답해야 좋을지 모르겠습니다.

I don't know how to answer.

아이 돈ㅌ 노 하우 투 앤서

---

05 그것은 함정이 있는 질문이었어요.

That was a tricky question.

댓 워즈 어 트릭키 퀘스쳔

---

06 질문의 요지를 파악하지 못했습니다.

I didn't catch the gist of a question.

아이 디든트 캐치 더 지스트 어브 어 퀘스쳔

제안·권유를 할 때

01 술을 끊는 게 좋겠어요.

You'd better quit drinking.

유드 배더 큇 드링킹

02 우리 돌아가는 게 좋지 않겠어요?

Don't you think we'd better go back?

돈츄 씽크 위드 베러 고 백?

03 저하고 쇼핑 가실래요?

How about going shopping with me?

하우 어바웃 고잉 샤핑 위드 미?

04 커피 한 잔 드시겠어요?

Would you like a cup of coffee?

우드 유 라익 어 컵 어브 커피?

05 창문을 열까요?

Would you like me to open the window?

우드 유 라익 미 투 오픈 더 윈도우?

06 제가 가방을 들어 드릴까요?

Why don't I carry your suitcase?

와이 돈트 아이 캐리 유어 슈트케이스?

07 기분전환 겸 산책이나 합시다.

Let's go for a walk for a change.

렛츠 고 풔러 워크 풔러 체인쥐

08 제가 도와드릴 일이라도 있나요?

What can I do for you?

왓 캔 아이 두 풔 유?

09 제가 안내를 해 드릴까요?

Do you want me to show you around?

두 유 원트 미 투 쇼 유 어롸운드?

10 시험 삼아 한번 해 봅시다.

Let's try it out.

렛츠 트라이 잇 아웃

11 털어놓고 얘기합시다.

Let's have a heart to heart talk.

렛츠 해브 어 하트 투 하트 톡크

12 이런 식으로 표현하는 것이 어떨까요?

Let me put it this way.

렛 미 풋 잇 디스 웨이

13 화해합시다.
Let's bury the hatchet.
렛츠 베리 더 해췻

14 그것을 최대한 잘 이용해 봅시다.
Let's make the best of it.
렛츠 메익 더 베스트 어브 잇

15 그 사람 경계하는 편이 좋아요.
You'd better stay out of his way.
유드 배더 스테이 아웃 어브 히즈 웨이

16 빠르면 빠를수록 좋습니다.
The earlier, the better.
디 어얼리어, 더 베러

17 이걸로 청산된 것으로 합시다.
Let's call it square.
렛츠 콜 잇 스퀘어

18 커피 한 잔 마시며 쉽시다.
Let's have a coffee break, shall we?
렛츠 해브 어 커피 브레익, 쉘 위?

제안·권유를 받아들일 때

01 좋습니다.
OK.(All right.) / Yes, I'd love to.
오우케이. (올 롸잇) / 예스, 아이드 러브 투

02 감사합니다. 그렇게 해 주세요.
Thank you. Please do.
땡큐. 플리즈 두

03 네가 말한 대로 할게.
Anything you say.
애니씽 유 쎄이

04 그거 재미있겠는데요.
That sounds interesting.
댓 사운즈 인터레스팅

05 그렇게 합시다.
Yes, let's do that.
예쓰, 렛츠 두 댓

06 기꺼이 당신의 제의를 받아들이겠습니다.
I'm happy to accept your offer.
아임 해피 투 억셉트 유어 오퍼

> 제안·권유를 거절할 때

01 그럴 기분이 아닙니다.
I don't feel like it.
아이 돈ㅌ 필 라익 잇

02 그렇게 하지 맙시다.
No, we'd rather not.
노, 위드 래더 낫

03 고맙지만, 됐습니다.
No, thank you.
노, 땡큐

04 그럴 생각이 없습니다.
I'm not ready for that.
아임 낫 레디 풔 댓

05 다음 기회로 미룰까요?
Can you give me a rain check?
캔 유 기브 미 어 레인 첵?

06 그러고 싶지만, 선약이 있어요.
I'd love to, but I have another appointment.
아이드 러브 투, 벗 아이 해브 어나더 어포인트먼트

현지에서 찐으로 통하는 회화는 따로 있다

결심&명령에 관한 표현

가장 많이 쓰이는 회화

어떤 작정이니?
What's the idea?

아직 결정을 못 했어요.
I haven't decided yet.

무슨 일이 있어도 그것을 해라.
Do it by all means.

네, 최선을 다하겠습니다.
Yes, sir. I'll do my best.

결심·결정을 할 때

01 나는 작가가 되기로 결심했어요.
I made up my mind to become a writer.
아이 메이드 업 마이 마인드 투 비컴 어 라이터

02 나는 굳게 결심했다.
I had my heart set on going.
아이 해드 마이 하트 셋 안 고잉

03 두고 보십시오.
Just wait and see.
저스트 웨잇 앤 씨

04 우린 끝까지 싸울 겁니다.
We will fight it out.
위 윌 파이트 잇 아웃

05 그것에 대해 많이 생각해 봤어요.
I thought about it a lot.
아이 쏫 어바웃 잇 어 랏

06 며칠 동안 생각할 시간을 주세요.
Let me think about it for a few days.
렛 미 씽크 어바웃 잇 풔러 퓨 데이즈

07 좀 더 두고 봅시다

Let's wait and see.

렛츠 웨잇 앤 씨

08 그건 당신이 결정할 일이에요.

That's for you to decide.

댓츠 풔 유 투 디싸이드

09 어려운 결심을 하셨군요.

You made a tough decision.

유 메이드 어 터프 디시젼

10 아직 결정을 못 했어요.

I haven't decided yet.

아이 해븐트 디싸이디드 옛

11 그일은 이미 만장일치로 결정되었습니다.

It was a unanimous decision.

잇 워즈 어 유내너머스 디씨젼

12 동전을 던져서 결정합시다.

Let's flip for it.

렛츠 플립 풔 릿

상대의 의중을 확인할 때

01 그의 제안을 어떻게 처리하실 건가요?

What are you going to do with his proposal?

왓 아 유 고잉 투 두 위드 히즈 프러포우절?

---

02 취소할 생각입니다.

I'm thinking of canceling it.

아임 씽킹 어브 캔썰링 잇

---

03 진심으로 그런 말을 하시는 겁니까?

Do you seriously mean what you say?

두 유 씨어리어슬리 민 왓 유 쎄이?

---

04 어떤 작정이니?

What's the idea?

왓츠 디 아이디어?

---

05 당신의 속셈을 모르겠군요.

I don't know what your game is.

아이 돈ㅌ 노 왓 유어 게임 이즈

---

06 당신이 뭘 생각하고 있는지 알아요.

I know what you're thinking.

아이 노 왓 유 아 씽킹

 상대를 설득할 때

01 제 말을 들으세요.

You listen to me.

유 리슨 투 미

---

02 아니오, 당신이 제 말을 들으세요.

No, you listen to me.

노, 유 리슨 투 미

---

03 저에게 강요하지 마세요.

Don't force me to make a decision.

돈트 폴스 미 투 메익커 디씨젼

---

04 그는 항상 자기 마음대로 하려고 해요.

He will always have his own way.

히 윌 올웨이즈 해브 히즈 온 웨이

---

05 나는 내 방식대로 하겠어요.

I'm bound to get it my way.

아임 바운드 투 겟 잇 마이 웨이

---

06 더 이상 이 일을 못 맡겠습니다.

I can't take on this work any more.

아이 캔트 테이크 안 디스 웍크 애니 모어

07 그렇다면 구태여 말리지 않겠습니다.

If you insist, I won't press you to stop it.

이프 유 인시스트, 아 원트 프레스 유 투 스탑 잇

08 이래도 안 하시겠어요?

How does this sound?

하우 더즈 디스 싸운드?

09 당신의 제안을 그가 받아들이도록 설득할께요.

How about pumping the secret out of him.

하우 어바웃 펌핑 더 시크릿 아웃 어브 힘

10 정 그렇다면 어쩔수가 없네요.

All right if you insist. Thank you.

올 롸잇 이프 유 인시스트. 땡큐

11 그의 생각을 바꾸지 못했어요.

I wasn't able to make him change his mind.

아 워즌트 에이블 투 메일 힘 체인쥐 히즈 마인드

12 아무런 조건도 없습니다.

No strings attached to it.

노 스트링스 어탯치드 투 잇

> 지시나 명령을 할 때

01 이번 주 금요일까지 확실히 끝내게나.

Be sure to finish it by this Friday.

비 슈어 투 피니쉬 잇 바이 디스 프라이데이

02 네, 최선을 다하겠습니다.

Yes, sir. I'll do my best.

예쓰, 써. 아윌 두 마이 베스트

03 그 사람 지시를 따르세요.

Follow his instructions.

팔로우 히즈 인스트럭션스

04 당신한테 어떤 지시도 받지 않겠소.

I'll take no orders from you.

아윌 테익 노 오더스 프럼 유

05 무슨 일이 있어도 그것을 해라.

Do it by all means.

두 잇 바이 올 민스

06 그건 이렇게 하세요.

Do it this way.

두 잇 디스 웨이

 추측과 판단을 할 때

01 그럴 줄 알았어!
It figures!
잇 피결즈!

02 당신 추측이 딱 맞았어요.
Your guess was right on the nose.
유어 게스 워즈 롸잇 안 더 노우즈

03 결과가 우리 예상대로 되었습니다.
The results came up to our expectations.
더 리절츠 케임 업 투 아워 엑스펙테이션스

04 당신이 오리라고는 전혀 생각을 못했어요.
I had no idea that you were coming.
아이 해드 노 아이디어 댓 유 워 커밍

05 그건 전혀 예상 밖의 상황이었어요.
That's a whole new ball game.
댓츠 어 호울 뉴 볼 게임

06 속단하지 마세요.
Don't jump the conclusions.
돈트 점프 더 컨클루젼스

> 확신을 밝힐 때

01 물론이죠.

Certainly.

써튼리

02 당신이 옳다고 확신합니다.

I bet you are right.

아이 뱃 유 아 롸잇

03 내기를 해도 좋아요.

I can even bet on that!

아이 캔 이븐 뱃 안 댓!

04 100% 확실합니다.

Absolutely certain.

앱솔루틀리 써틴

05 무슨 근거로 그렇게 확신하죠?

What makes you so positive?

왓 메익스 유 쏘 파지티브?

06 그점은 제가 보증합니다.

I give you my word for it.

아이 기브 유 마이 워드 풔릿

07 단언합니다.
I swear.
아이 스웨어

08 그것에 대해서는 의심할 여지가 없습니다.
There's no question about it.
데어즈 노 퀘스쳔 어바웃 잇

09 제 이름을 걸고 꼭 하겠습니다.
I'll have put that in writing.
아이윌 해브 풋 댓 인 라이팅

10 이 시합은 우리 팀이 꼭 이길 거야.
I'm convinced our team will win this game.
아임 컨빈스트 아워 팀 윌 윈 디스 게임

11 정말 전혀 문제가 없습니까?
Are you sure it's no trouble.
아 유 슈어 잇츠 노 트러블

12 아직은 확실하지 않습니다.
I'm not sure yet.
아임 낫 슈어 옛

현지에서 찐으로 통하는 회화는 따로 있다

UNIT 03
부탁 & 충고 & 재촉에 관한 표현

가장 많이 쓰이는 회화

부탁을 하나 해도 될까요?
Can I ask you a favor?

물론이죠.
Yes, certainly.

서두르세요!
Hurry up!

너무 서두르지 마세요.
Don't be in such a hurry.

부탁을 할 때

01 부탁을 하나 해도 될까요?

Can I ask you a favor?
캔 아이 애스큐어 페이버?

Could you do me a favor?
쿠드 유 두 미 어 페이버?

I have a big favor to ask you.
아이 해브 어 빅 페이버 투 애스크 유

Could I ask you to do something for me?
쿠드 아이 애스큐 투 두 썸씽 풔 미?

Would you do me a favor?
우드 유 두 미 어 페이버?

---

02 잠시 폐를 끼쳐도 될까요?

May I bother you for a moment?
메- 아이 바더 유 풔러 모우먼트?

Could I trouble you for a minute?
쿠드 아이 트러블 유 풔러 미닛?

May I inconvenience you for a second?
메- 아이 인컨비닌스 유 풔러 세컨드?

03 저 좀 도와주시겠어요?

Excuse me, would you give me a hand?

익스큐즈 미, 우드 유 기브 미 어 핸드?

Could you lend me a hand?

쿠드 유 랜드 미 어 핸드?

04 좀 태워다 주시겠습니까?

Would you mind giving me a ride?

우드 유 마인드 기빙 미 어 라이드?

05 제 자동차 문을 열어 주시겠습니까?

Would you please open my car door?

우드 유 플리즈 오픈 마이 카 도어?

06 당신 것을 빌려 주시겠습니까?

Would you lend me yours, please?

우드 유 랜 미 유어즈, 플리즈?

07 돈을 좀 빌릴 수 있을까요?

May I borrow some money?

메- 아이 바로우 썸 머니?

08 저와 함께 가실래요?

Would you like to join me?

우드 유 라잌 투 조인 미?

09 주소 좀 가르쳐 주시겠어요?

May I have your address?

메- 아이 해브 유어 애드레스?

10 가능한 한 빨리 저에게 알려 주시겠습니까?

Would you let me know as soon as possible?

우드 유 렛 미 노우 애즈 쑨 애즈 파써블?

11 잠깐 제 대신 좀 해 주시겠어요?

Can you take my place for a while?

캔 유 테잌 마이 플레이스 풔러 와일?

12 제 곁에 있어 주세요.

Stick with me, please.

스틱 위드 미, 플리즈

13 다음 기회로 미룰 수 있을까요?

Can you give me a rain check on that?

캔 유 기브 미 어 레인 첵 안 댓?

부탁을 들어줄 때

01 물론이죠.

Sure. / I'd be glad to.
슈어 / 아이드 비 글래드 투

Yes, certainly.
예쓰, 썰튼니

I'll do my best for you.
아윌 두 마이 베스트 풔 유

Go ahead. / Of course. / No problem.
고 어해드 / 어브 코스 / 노 프라블럼

---

02 물론이죠. 가능하다면요. 뭔데요?

Sure, if I can. What is it?
슈어, 이프 아이 캔. 왓 이즈 잇?

---

03 힘껏 해 보겠습니다.

With great pleasure.
위드 그레잇 프레져

---

04 네, 기꺼이 도와 드리겠습니다.

Yes, with pleasure.
예쓰, 위드 프레져

> 부탁 거절과 양해를 구할 때

01 미안하지만, 지금은 안 되겠는데요.

I'm sorry, but I can't now.

아임 쏘리, 벗 아이 캔ㅌ 나우

02 다음에 언제 기회가 있겠죠.

Maybe some other time.

메이비 썸 아더 타임

03 존, 애매할 때 부탁하는군요.

You asked me at a bad time, John.

유 애스크드 미 앳 어 배드 타임, 존

04 잠깐 실례해도 되겠습니까?

Would you excuse me for a moment?

우드 유 익스큐즈 미 풔러 모먼트?

05 말씀 도중에 죄송합니다만, ….

Forgive me for interrupting you, but….

포기브 미 풔 인터럽팅 유, 벗…

06 잠깐 자리 좀 비켜 주시겠어요?

Could you excuse us for a second?

쿠드 유 익스큐즈 어스 풔 어 세컨드?

충고를 할 때

01 나를 실망시키지 마세요.
Don't let me down.
돈트 렛 미 다운

02 자존심을 버리세요.
Pocket your pride.
파켓 유어 프라이드

03 허송세월한 걸 보충하자면 열심히 일해야 해.
I must work hard to make up for lost time.
아이 머스트 워크 하드 투 메이크 업 풔 로스트 타임

04 너는 진지해야 한다.
You should keep a straight face.
유 슈드 킵 어 스트레잇 페이스

05 여론에 귀를 기울이세요.
Hold your ear to the ground.
홀드 유어 이어 투 더 그라운드

06 자동차를 조심하세요!
Watch out for the cars!
왓치 아웃 풔 더 카즈!

07 규칙대로 하는 것이 좋을 겁니다.
You'd better go by the book.
유드 배더 고 바이 더 북

08 남이야 뭘 하던 상관 않는 것이 좋을 겁니다.
Don't poke your nose into my business.
돈트 폭 유어 노즈 인투 마이 비즈니스

09 제발 욕 좀 그만 하세요.
Won't you stop cursing all the time?
워운트 유 스탑 컬싱 올 더 타임?

10 취미에 너무 몰두하지 마세요.
Try not to go to extremes over hobbies.
트라이 낫 투 고 투 익스트림즈 오버 하비즈

11 말보다는 행동이 중요해요.
Action speaks louder than words.
액션 스픽스 라우더 댄 워드즈

12 당신은 그 생각을 버려야 해요.
You must give up the idea.
유 머스트 기브 업 디 아이디어

주의를 줄 때

01 농담을 너무 심하게 하지 말아요.
Don't carry a joke too far.
돈트 캐리 어 죠크 투 퐈

02 그러면 안 돼요.
That's not nice.
댓츠 낫 나이스

03 돈을 낭비하고 다니지 마라!
Don't throw your money around!
돈트 쓰로우 유어 머니 어라운드!

04 격식 따위는 따지지 마세요.
Don't stand on ceremony.
돈트 스탠드 안 세러모우니

05 나쁜 친구들을 사귀지 마라.
Don't get into bad company.
돈트 겟 인투 배드 컴퍼니

06 비밀을 누설하지 마세요.
Don't let the cat out of the bag.
돈트 렛 더 캣 아웃 어브 더 백

07 그것을 중지하도록 하세요.
You'd better put a stop to it.
유드 배더 풋 어 스탑 투 잇

08 오해하지는 마세요.
Don't get me wrong.
돈트 겟 미 롱

09 추켜올려서 버릇없는 아이로 만들지 마세요.
Don't spoil a baby by praise.
돈트 스포일 어 베이비 바이 프레이즈

10 제발 언성을 높이지 마십시오.
Don't raise your voice, please.
돈트 레이즈 유어 보이스, 플리즈

11 너무 굽실거리지 마세요.
Don't sing small.
돈트 씽 스몰

12 조용히 하자.
Let's be quiet.
렛츠 비 콰이엇

재촉할 때

01 서두르세요!

Hurry up!

허리 업!

---

02 저 몹시 급해요.

I'm in a hurry.

아임 인 어 허리

---

03 서둘러, 시간이 넉넉하지 않아.

Hurry up, We haven't got all day.

허리 업, 위 해븐트 갓 올 데이

---

04 빨리 하세요!

Step on it, please!

스텝 안 잇, 플리즈!

---

05 어서 와, 왜 그렇게 시간이 걸리니?

Come on already, what's taking so long?

컴 온 얼레이디, 왓츠 테이킹 쏘 롱?

---

06 지체할 시간이 없어요.

There's no time to lose.

데어즈 노 타임 투 루즈

07 빨리 나오세요!

Come on out!

컴 안 아웃!

---

08 속도를 좀 내세요.

Step on it.

스텝 안 잇

---

09 고속으로 해 주세요. (배달을 부탁할 때)

Send it express.

샌드 잇 익스프레스

---

10 지금 당장 해 주세요.

I need this done right away.

아이 니드 디스 던 롸잇 어웨이

---

11 비행기 시간에 늦겠다.

We're going to be late the plane.

위어 고잉 투 비 레이트 더 플레인

---

12 이제 슬슬 시작해 보자고요.

Let's get this show on the road.

렛츠 겟 디스 쇼 안 더 로드

> 여유를 가지라고 말할 때

01 천천히 하세요.

You can't keep up with this pace.

유 캔트 킵 업 위드 디스 페이스

---

02 뭐가 그리 급하세요?

Where's the fire?

웨어즈 더 파이어?

---

03 그렇게 조급하게 굴지 마세요.

Don't be so impatient.

돈트 비 쏘 임페이션트

---

04 진정해. 왜 서두르니?

Calm down. What's the rush?

컴 다운. 왓츠 더 러쉬?

---

05 너무 서두르지 마세요.

Don't be in such a hurry.

돈트 비 인 써치 어 허리

---

06 날 재촉하지 마!

Don't rush me.

돈트 러쉬 미

찐으로 통하는 회화는 따로 있다
교통표현

PART 06

UNIT 01 — 길 안내에 관한 표현

현지에서 찐으로 통하는 회화는 따로 있다

가장 많이 쓰이는 회화

역까지 멉니까?
Is it far to the station?

저기입니다.
It's over there.

길을 잘못 들었습니다.
You took the wrong way.

주소를 가지고 계세요?
Do you have the address?

 길을 물을 때

01 센트럴 파크로 가려면 어떻게 해야 합니까?
How can I get to Central Park?
하우 캔 아이 겟 투 센추럴 파크?

02 백화점은 어디에 있습니까?
Where's the department store?
웨어즈 더 디파트먼트 스토어?

03 여기에서 가깝습니까?
Is it near here?
이즈 잇 니어 히어?

04 걸어서 몇 분 걸립니까?
How many minutes by walking?
하우 메니 미닛츠 바이 워킹?

05 역까지 가는 길을 가르쳐 주세요.
Please tell me the way to the station.
플리즈 텔 미 더 웨이 투 더 스테이션

06 거기까지 걸어서 갈 수 있습니까?
Can I walk there?
캔 아이 웤 데어?

07 이 주위에 지하철역은 있습니까?

Is there a subway station around here?

이즈 데어러 써브웨이 스테이션 어라운드 히어?

08 거기까지 어느 정도 걸립니까?

How long does it take?

하우 롱 더즈 잇 테익?

How long will it take to get there?

하우 롱 윌 잇 테익 투 겟 데어?

09 잘못 온 것인가요?

Am I on the wrong street?

앰 아이 안 더 렁 스트릿?

10 여기서 멀어요.

It's far from here.

잇츠 퐈 프롬 히어

11 역까지 멉니까?

Is it far to the station?

이즈 잇 퐈 투 더 스테이션?

12 미안합니다. 여의도공원은 어느 쪽입니까?

Pardon me, Yeouido Park which direction is it?

파던 미, 여의도팍 위치 디렉션 이즈 잇?

13 제가 지금 있는 곳이 어디입니까?

Can you tell me where I am?

캔 유 텔 미 웨어 아이 엠?

14 이 길이 우체국으로 가는 길 맞습니까?

Is this the right way to the post office?

이즈 디스 더 롸잇 웨이 투 더 포스트 오피스?

15 길을 잃었습니다. 여기가 어디입니까?

I've lost my way. Where am I now?

아이브 로스트 마이 웨이. 웨어 엠 아이 나우?

16 그곳으로 가는 가장 좋은 방법은 무엇입니까?

What's the best way to go there?

왓츠 더 베스트 웨이 투 고 데어?

17 (지도를 펼치고) 여기는 어디입니까?

Where are we now?

웨어 아 위 나우?

> 길을 가르쳐 줄 때

01 저기입니다.
It's over there.
잇츠 오버 데어

02 곧장 가세요.
Go straight ahead.
고 스트레잇 어헤드

03 되돌아가세요.
You should turn back.
유 슈드 턴 백

04 걸어서 5분 거리입니다.
Five minutes on foot.
파이브 미닛츠 안 풋

05 저도 같은 방향으로 가는 중입니다.
I'm going that way.
아임 고잉 댓 웨이

06 도중까지 함께 갑시다.
I'll go with you part of the way.
아윌 고 위드 유 파트 어브 더 웨이

07 경찰서에 가서 물어볼게요.
I'll inquire at the police box for you.
아월 인콰이어 앳 더 폴리스 박스 풔 유

08 여기서 2블록 앞에 있습니다.
It's two blocks away from here.
잇츠 투 블록스 어웨이 프럼 히어

09 이 주변인 것 같은데요….
It's somewhere around here.
잇츠 썸웨어 어롸운드 히어

10 첫 번째 모퉁이에서 도세요.
Turn at the first corner.
턴 앳 더 퍼스트 코너

11 이 길을 쭉 가면 있습니다.
It's way down the street.
잇츠 웨이 다운 더 스트리트

12 가로수 길을 따라 걸어가세요.
Follow the avenue.
팔로우 디 애비뉴

13 여기에서 가깝습니다.

It's near here.

잇츠 니어 히어

14 지도를 그려 드릴게요.

I'll draw a map for you.

아윌 드로우 어 맵 풔 유

15 물어볼 테니까, 잠깐 기다리세요.

Wait, I'll ask for a second.

웨잇, 아윌 애스크 풔 어 세컨드

16 거기로 데려다 드릴게요.

I'll take you there.

아윌 테일 유 데어

17 주소를 가지고 계세요?

Do you have the address?

두 유 해브 디 애드레스?

18 차를 타는 게 좋아요.

It's better for you to ride.

잇츠 배더 풔 유 투 라이드

19 왼쪽(오른쪽)으로 도세요.
Turn to the left(right).
턴 투 더 래프트(라잇트)

20 당신은 반대방향으로 가고 있어요.
You're going in the opposite direction.
유아 고잉 인 디 아퍼지트 디렉션

21 돌지 말고 곧장 걸어가세요.
Don't turn but walk straight on.
돈트 턴 벗 워크 스트레이트 안

22 길을 잘못 들었습니다.
You took the wrong way.
유 툭 더 렁 웨이

23 찾고 있는 상호는 뭡니까?
What's the name of the shop you are seeking?
왓츠 더 네임 어브 더 샵 유 아 씨킹?

24 다른 사람한테 물어보세요.
Ask the others.
애스크 디 아덜스

현지에서 찐으로 통하는 회화는 따로 있다

대중교통에 관한 표현

가장 많이 쓰이는 회화

뉴욕까지 편도 주세요.
A one-way ticket to New York, please.

미안하지만, 차표가 매진되었습니다.
I am sorry, but all seats are sold.

어느 선이 시청으로 가죠?
Which line goes to City Hall?

3호선을 타십시오.
Take number line 3.

01 가장 가까운 버스 승강장이 어디죠?

Where's the nearest bus stop?

웨어즈 더 니어리스트 버스 스탑?

---

02 어느 버스가 시내로 가죠?

Which bus goes to down town?

위치 버스 고우즈 투 다운 타운?

---

03 어느 버스를 타야 되나요?

Which bus should I take?

위치 버스 슈드 아이 테일?

---

04 5번 버스는 얼마나 자주 운행하죠?

How often does bus no.5 run?

하우 오픈 더즈 버스 넘버 파이브 런?

---

05 시카고 행 버스는 언제 출발하죠?

What time does the bus for Chicago leave?

왓 타임 더즈 더 버스 풔 시카고 리브?

---

06 LA행 버스 요금이 얼마죠?

How much is a ticket to L.A?

하우 머취 이즈 어 티켓 투 엘 에이?

07 내추럴파크 앞까지 몇 정거장이나 되죠?

How many stops before Natural Park?

하우 메니 스탑스 비풔 내츄럴 파크?

08 시청 가려면 어디서 내리죠?

Where do I get off for City Hall?

웨어 두 아이 겟 어프 풔 씨티 홀?

09 다음 버스는 몇 시입니까?

When is the next bus?

웬 이즈 더 넥스트 버스?

10 갈아타야 합니까?

Do I have to transfer?

두 아이 해브 투 트렌스퍼?

11 도착하면 가르쳐 주세요.

Tell me when we arrive there.

텔 미 웬 위 어라이브 데어

12 여기서 내리겠습니다.

I'll get off here.

아윌 겟 어프 히어

 지하철을 이용할 때

01 이 근처에 지하철역은 없습니까?

Is the subway station near here?

이즈 더 서브웨이 스테이션 니어 히어?

---

02 어디서 지하철을 탈 수 있나요?

Where can I get on the subway?

웨어 캔 아이 겟 안 더 서브웨이?

---

03 매표소가 어디죠?

Where is the ticket office?

웨어 이즈 더 티켓 오피스?

---

04 입구가 어디죠?

Where is the entrance?

웨어 이즈 디 엔터런스?

---

05 어느 선이 시청으로 가죠?

Which line goes to City Hall?

위치 라인 고우즈 투 씨티 홀?

---

06 어느 역에서 갈아타죠?

What station do I transfer?

왓 스테이션 두 아이 트랜스퍼?

07 월 스트리트로 나가는 출구가 어디죠?

Where is the exit for Wall Street?

웨어 이즈 디 엑그젯 풔 월 스트리트?

---

08 어느 선이 센트럴 파크로 갑니까?

Which line goes to Central Park?

위치 라인 고우즈 투 센츄럴 파크?

---

09 3호선을 타십시오.

Take number line 3.

테익 넘버 라인 쓰리

---

10 이건 남부역으로 갑니까?

Is this for south station?

이즈 디스 풔 싸우스 스테이션?

---

11 다음은 어디입니까?

What's the next station?

왓츠 더 넥스트 스테이션?

---

12 북부역은 몇 번째입니까?

How many stops are there to North station?

하우 메니 스탑스 아 데어 투 노스 스테이션?

 열차를 이용할 때

01 미안합니다만, 차표 파는 곳이 어디입니까?
Excuse me, but where is the booking office?
익스큐즈 미, 벗 웨어 이즈 더 북킹 오피스?

02 편도입니까, 왕복입니까?
One-way or round-trip?
원-웨이 오어 라운드-트립?

03 뉴욕까지 편도 주세요.
A one-way ticket to New York, please.
어 원 웨이 티켓 투 뉴욕, 플리즈

04 몇 등석으로 드릴까요?
Which class do you want?
위치 클래스 두 유 원트?

05 이등석은 얼마입니까?
How much is a second class ticket?
하우 머취 이즈 어 쎄컨드 클래스 티켓?

06 미안하지만, 차표가 매진되었습니다.
I am sorry, but all seats are sold.
아이 엠 쏘리, 벗 올 씨트스 아 소울드

07 **파리 행 열차는 어디입니까?**

Where's the train for Paris?

웨어즈 더 트레인 풔 페리스?

08 **이건 마드리드 행입니까?**

Is this for Madrid?

이즈 디스 풔 마드리드?

09 **이 열차는 예정대로 출발합니까?**

Is this train on schedule?

이즈 디스 트레인 안 스케쥴?

10 **식당차는 어디입니까?**

Where's the dining car?

웨어즈 더 다이닝 카?

11 **로마까지 몇 시간입니까?**

How long is it to Rome?

하우 롱 이즈 잇 투 롬?

12 **언제쯤 도착합니까?**

When do we arrive?

웬 두 위 얼라이브?

 택시를 이용할 때

01 어디에서 택시를 탑니까?
Where can I get a taxi?
웨어 캔 아이 겟 어 택시?

02 다음 블록에 택시 승강장이 하나 있습니다.
You can find a taxi stand in the next block.
유 캔 파인드 어 택시 스탠드 인 더 넥스트 블록

03 이 주소로 데려다 주시겠어요?
To this address, please?
투 디스 애드레스, 플리즈?

04 여기서 세워 주세요.
Stop here, please.
스탑 히어, 플리즈

05 제 가방을 내려 주시겠습니까?
Could you take out my bags?
쿠드 유 테잌 아웃 마이 백스?

06 요금은 얼마입니까?
How much is it?
하우 머취 이즈 잇?

현지에서 찐으로 통하는 회화는 따로 있다

자동차에 관한 표현

UNIT 03

가장 많이 쓰이는 회화

여기에 주차할 수 있습니까?
Can I park here?

주차장이 꽉 찼어요.
The parking lot is pull.

제 차를 다 고쳤습니까?
Is my car ready to go?

다 고쳤습니다, 손님.
Your car is ready to go, sir.

 렌터카를 이용할 때

01 (공항에서) 렌터카 카운터는 어디입니까?
Where's the rent a car counter?
웨어 이즈 더 렌터 카 카운터?

02 3일간 차를 빌리고 싶습니다.
I want to rent a car for three days.
아 원 투 렌터 카 풔 쓰리 데이즈

03 소형차를 1주일간 빌리고 싶은데요.
A compact car for a week, please.
어 컴팩트 카 풔러 위크, 플리즈

04 어떤 차종을 원하십니까?
What type of a car would you like?
왓 타입 어브 어 카 우드 유 라잌?

05 (확인서를 제출하며) 예약했습니다.
I have a reservation.
아이 해브 어 레저베이션

06 이게 제 국제면허증입니다.
Here's my international driver's license.
히어즈 마이 인터내셔널 드라이버즈 라이선스

07 보증금은 얼마입니까?

How much is the deposit?

하우 머치 이즈 더 디파짓?

08 종합보험을 들어 주세요.

With comprehensive insurance, please.

위드 컴프리헨시브 인슈어런스, 플리즈

09 안전벨트를 매세요.

Please fasten your seat belt.

플리즈 패슨 유어 씻 벨트

10 자동차에 연료가 얼마나 있죠?

How much gas do we have?

하우 머취 게스 두 위 해브?

11 연료가 떨어져 가는데요.

Fuel is going away.

퓨어 이즈 고잉 어웨이

12 이 근처에 주유소가 있나요?

Is there a gas station near here?

이즈 데어러 게스 스테이션 니어 히어?

교통위반을 했을 때

01 차에서 내리세요.

Step out of the car, please.

스텝 아웃 오브 더 카, 플리즈

---

02 운전면허증을 보여 주세요.

I need to see your driver's license, please.

아이 니드 투 씨 유어 드라이버스 라이선스, 플리즈

---

03 무슨 일이죠. 경관님?

Hi, Officer, what's the problem?

하이, 어피서, 왓츠 더 프라블럼?

---

04 선생님, 정지 신호에서 멈추지 않았습니다.

Sir, you didn't stop for that stop sign.

써, 유 디든트 스탑 풔 댓 스탑 싸인

---

05 여기 음주 측정기를 부십시오.

Please blow into this breath analyzer here.

플리즈 블로우 인투 디스 브래쓰 애너라이저 히어

---

06 경찰관, 제가 뭘 잘못했나요?

Hi, Officer, Did I anything wrong?

하이, 어피서, 디드 아이 애니씽 렁?

281

 주차와 세차를 할 때

01 주차장이 어디에 있습니까?
Where is your parking lot?
웨어 이즈 유어 파킹 랏?

02 여기에 주차할 수 있습니까?
Can I park here?
캔 아이 파크 히어?

03 잠깐이면 됩니다.
It'll just be a minute.
잇윌 저스트 비 어 미닛

04 시간당 주차료가 얼마입니까?
How much is it per hour?
하우 머취 이즈 잇 퍼 아워?

05 여기는 무료 주차장입니다.
This is a free parking lot.
디스 이즈 어 프리 파킹 랏

06 주차장이 꽉 찼어요.
The parking lot is full.
더 파킹 랏 이즈 풀

07 주차확인증 여기 있습니다.

Here's your claim check.

히어즈 유어 클레임 첵

08 차를 앞으로 좀 빼 주시겠어요?

Could you move up a little, please?

쿠드 유 무브 업 어 리틀, 플리즈?

09 어디에 주차하셨어요?

Where did you park your car?

웨어 디드 유 파크 유어 카?

10 이곳은 견인지역입니다.

This is a towaway zone.

디스 이즈 어 토우어웨이 존

11 세차 좀 해 주세요.

Wash it down, please.

와쉬 잇 다운, 플리즈

12 세차를 해 주시겠습니까?

Would you give the car a wash?

우드 유 기브 더 카 어 와쉬?

자동차 정비소에서

01 차에 펑크 났어요.
I have a flat tire.
아이 해브 어 플랫 타이어

---

02 시동이 안 걸립니다.
My car won't start.
마이 카 워운트 스타트

---

03 엔진에서 이상한 소리가 나요.
There is a strange noise coming from the engine.
데어 이즈 어 스트레인쥐 노이즈 커밍 프롬 디 엔진

---

04 오일이 샙니다.
The oil leaking.
디 오일 리킹

---

05 차에 배터리가 나갔어요.
The battery is dead.
더 배터리 이즈 데드

---

06 가끔씩 갑자기 엔진이 꺼집니다.
Sometimes the engine fails suddenly.
썸타임즈 디 엔진 페일즈 써든리

07 전구 하나가 나갔어요.
One of the bulbs is burned out.
원 어브 더 벌브스 이즈 번드 아웃

08 왼쪽 뒷바퀴가 다 닳았어요.
The left rear tire is all worn out.
더 래프트 리어 타이어 이즈 올 원 아웃

09 차에서 이상한 소리가 납니다.
My car's making strange noises.
마이 카즈 메이킹 스트레인쥐 노이지즈

10 제 차를 점검해 주시겠어요?
Could you give my car a checked, please?
쿠드 유 기브 마이 카 어 첵키드, 플리즈?

11 지금 고쳐줄 수 있나요?
Can you fix it right now?
캔 유 픽스 잇 롸잇 나우?

12 엔진오일 좀 봐 주세요.
Check the oil, please.
첵크 디 오일, 플리즈

13 타이어 공기압 좀 점검해 주시겠어요?
Could you check my tire pressure?
쿠드 유 첵 마이 타이어 프레셔?

14 브레이크 상태가 아주 나쁩니다.
Your brakes are in bad shape.
유어 브레익스 아 인 배드 쉐입

15 엔진에는 아무런 이상이 없습니다.
There's nothing wrong with the engine.
데어즈 낫씽 렁 위드 디 엔진

16 제 차를 다 고쳤습니까?
Is my car ready to go?
이즈 마이 카 레디 투 고?

17 다 고쳤습니다, 손님.
Your car is ready to go, sir.
유어 카 이즈 레디 투 고, 써

18 수리비가 얼마에요?
How much to repair?
하우 머치 투 리페어?

찐으로 통하는 회화는 따로 있다

식사표현

PART 07

현지에서 찐으로 통하는 회화는 따로 있다

UNIT 01 식사 제의&예약에 관한 표현

가장 많이 쓰이는 회화

우리 점심 식사나 같이 할까요?
Shall we have lunch together?

어디서 먹고 싶으세요?
Where would you like to eat?

좌석을 하나 예약하고 싶습니다.
I want to make a reservation for a table.

성함이 어떻게 되시죠?
May I have your name, please?

식사를 제의할 때

01 우리 점심 식사나 같이 할까요?
Shall we have lunch together?
쉘 위 해브 런치 투게더?

02 저녁 식사 같이 하시겠어요?
Would you join me for dinner today?
우드 유 죠인 미 풔 디너 투데이?

03 내일 저녁 식사 같이 하러 가실까요?
May I take you to dinner tomorrow?
메- 아이 테잌 유 투 디너 투머로우?

04 뭐 좀 간단히 먹으러 나갑시다.
Let's go out for a snack.
렛츠 고 아웃 풔 어 스넥

05 언제 시간나면 같이 식사나 합시다.
We'll have to do lunch sometime.
위윌 해브 투 두 런치 썸타임

06 여기 들러서 뭐 좀 먹읍시다.
Let's stop here for a bite to eat.
렛츠 스탑 히어 풔 어 바이트 투 잇

음식을 배달시킬 때

01 오늘 점심 배달시키자.

Let's have lunch delivered here today.
렛츠 해브 런치 딜리버드 히어 투데이

02 피자를 배달시킵시다.

Let's have some pizzas delivered here.
렛츠 해브 썸 피자스 딜리버드 히어

03 전화로 점심을 시켜 먹을까요?

Do you feel like calling our for lunch?
두 유 필 라잌 콜링 아워 풔 런치?

04 지금도 배달되나요?

Are still delivering at this time?
아 스틸 딜리버링 앳 디스 타임?

05 빨리 가져다 주세요.

I'd like to have it quickly.
아이드 라잌 투 해브 잇 퀵클리

06 카드로 계산해도 되나요?

Can I pay by card?
캔 아이 페이 바이 카드?

 식당을 결정할 때

01 어디 특별히 좋다고 생각한 곳 있으세요?

Did you have a particular place in mind?

디드 유 해브 어 퍼티컬러 플레이스 인 마인드?

---

02 뭘 드시고 싶으세요. 한식, 양식?

What do you want to try? Korean? Western?

왓 두 유 원 투 트라이? 코리언? 웨스턴?

---

03 어디서 먹고 싶으세요?

Where would you like to eat?

웨어 우드 유 라잌 투 잇트?

---

04 이 근처에 식당이 하나 있다고 들었어요.

I heard about a new restaurant around here.

아이 허드 어바웃 어 뉴 레스터란트 어롸운드 히어

---

05 집 근처에 새로 생긴 곳이 하나 있는데.

There's a new place that just opened up near my house.

데어즈 어 뉴 플레이스 댓 저스트 오픈드 업 니어 마이 하우스

---

06 점심 식사할 만한 좋은 식당 하나 추천해 주시겠어요?

Can you recommend a good place for lunch?

캔 유 레커멘드 어 굿 플레이스 풔 런치?

07 이 근처에 맛있는 레스토랑은 없습니까?

Is there a good restaurant around here?

이즈 데어러 굿 레스터란트 어라운드 히어?

---

08 이 도시에 한국식 레스토랑은 있습니까?

Do you have a Korean restaurant?

두 유 해브 어 코리언 레스터란트?

---

09 한국 음식을 먹어 본 적이 있으세요?

Have you ever tried Korean food?

해브 유 에버 트라이드 코리언 푸드?

---

10 갈비탕 좋아하세요?

Do you feel like Kalbitang?

두 유 필 라익 갈비탕?

---

11 한국 식당으로 갑시다.

Let's go to a Korean restarant.

렛츠 고 투 어 커리언 레스터란트

---

12 중국음식을 먹고 싶습니다.

I want to eat Chinese food.

아이 원 투 잇 차이니즈 푸드

 식당을 예약할 때

01 두 사람 식사 예약을 하고 싶습니다.

I would like to make a reservation for two people dining.

아이 우드 라잌 투 메일 어 레져베이션 풔 투 피플 다이닝

02 좌석을 하나 예약하고 싶습니다.

I want to make a reservation for a table.

아이 원 투 메일 어 레져베이션 풔 어 테이블

03 오늘 저녁에 좌석을 예약하고 싶습니다.

I'd like to reserve a table for evening.

아이드 라잌 투 레저브 어 테이블 풔 이브닝

04 성함이 어떻게 되시죠?

May I have your name, please?

메- 아이 해브 유어 네임, 플리즈?

05 손님은 몇 분입니까?

How large is your party?

하우 라지 이즈 유어 파티?

06 오후 6시 30분에 5명이 갑니다.

Five people will go at 6:30 p.m.

파이브 피플 윌 고우 앳 식스 써티 피엠

 예약을 취소할 때

01 오늘밤 7시 예약을 취소하고 싶습니다.
I'd like to cancel my reservation for 7:00 p.m. tonight.
아이드 라일 투 캔슬 마이 레져베이션 풔 쎄븐 피엠 투나잇

02 오늘 저녁에 그쪽 식당에 못 갈 것 같습니다.
We won't be coming to your restaurant tonight.
위 워운ㅌ 비 커밍 투 유어 레스터란트 투나잇

03 식당에 제 시간에 못 갈 것 같습니다.
We won't be able to make it to your restaurant.
위 워운ㅌ 비 에이블 투 메이크 잇 투 유어 레스터란트

04 미안합니다. 예약을 취소해 주세요.
I'm sorry. Please cancel the reservation.
아임 쏘리. 플리즈 캔슬 더 레져베이션

05 선생님의 예약을 취소하겠습니다.
I'll cancel your reservation.
아윌 캔슬 유어 레져베이션

06 다른 기회에 식사하시길 기대하겠습니다.
I hope you'll dine with us some other time.
아이 홉 유윌 다인 위드 어스 썸 아더 타임

 식당 입구에서

01 저, 두 사람 좌석을 예약했는데요. 로빈슨입니다.

Well, we have a reservation for two. Robinson.

웰, 위 해브 어 레져베이션 풔 투. 로빈슨

---

02 아, 예, 로빈슨 부인. 이쪽으로 오십시오.

Ah, yes, Mrs. Robinson. This way.

아, 예스, 미씨즈 로빈슨. 디스 웨이

---

03 예약은 하지 않았습니다.

I don't have a reservation.

아이 돈ㅌ 해브 어 레저베이션

---

04 몇 분이십니까?

Sir, how many are you?

써, 하우 메니 아 유?

---

05 두 사람 좌석을 주십시오.

A table for two, please.

어 테이블 풔 투, 플리즈

---

06 창가쪽으로 부탁합니다.

Can I get a window seat?

캔 아이 겟 어 윈도우 씻?

현지에서 찐으로 통하는 회화는 따로 있다

UNIT 02 식당에 관한 표현

가장 많이 쓰이는 회화

주문 하시겠습니까?
Are you ready to order?

오늘의 특별 요리는 뭐죠?
What's today's special?

맛이 어떻습니까?
How does it taste?

아주 맛있는데요.
It's very good.

> 음식을 주문할 때

01 메뉴 좀 볼 수 있을까요?

Can I see the menu, please?

캔 아이 씨 더 메뉴, 플리즈?

---

02 메뉴 여기 있습니다, 손님.

Here's our menu, sir.

히어즈 아워 메뉴, 써

---

03 주문 하시겠습니까?

Are you ready to order?

아 유 레디 투 오더?

May I take your order?

메- 아이 테잌 유어 오더?

Would you like to order now?

우드 유 라잌 투 오더 나우?

Shall I take your order?

쉘 아이 테잌 유어 오더?

Ready to order?

레디 투 오더?

Are you ready to order now?

아 유 레디 투 오더 나우?

04 주문을 하고 싶은데요.

We are ready to order.

위 아 레디 투 오더

05 무엇을 주문해야할지 모르겠군요.

I still don't know what to order.

아이 스틸 돈트 노우 왓 투 오더

06 오늘의 특별 요리는 뭐죠?

What's today's special?

왓츠 투데이즈 스페셜?

07 추천 요리는 무엇입니까?

What's your suggestion?

왓츠 유어 서제스쳔?

08 이걸 부탁합니다.

I'll take this one.

아윌 테익 디스 원

09 저도 같은 걸 부탁합니다.

I'll have the same.

아윌 해브 더 쎄임

10 요리는 어떻게 익혀 드릴까요?

How would you like it?

하우 우드 유 라이크 잇?

11 마실 것은 무엇으로 하시겠습니까?

What would you like to drink?

왓 우드 유 라잌 투 드링크?

12 지금 디저트를 주문하시겠습니까?

Would you like to order some dessert now?

우드 유 라잌 투 오더 썸 디저트 나우?

13 다른 주문은 없습니까?

Anything else?

애니씽 엘스?

14 물 좀 더 주시겠어요?

May I have more water?

메- 아이 해브 모어 워터?

15 식탁 좀 치워 주시겠어요?

Could you please clear the table?

쿠드 유 플리즈 클리어 더 테이블?

식성과 식욕을 말할 때

01 전 먹는 걸 안 가려요.
I'm not picky about my food.
아임 낫 피키 어바웃 마이 푸드

02 전 식성이 까다로워요.
I'm a picky eater.
아임 어 피키 이터

03 저는 돼지고기를 못 먹어요.
Pork doesn't agree with me.
포크 더즌트 어그리 위드 미

04 이걸 먹으면 속이 좋지 않습니다.
This makes me sick.
디스 메이크스 미 씩

05 저는 매운 음식을 좋아해요.
I like hot food.
아이 라잌 핫 푸드

06 저는 단 것을 잘 먹습니다.
I have a sweet tooth.
아이 해브 어 스위트 투쓰

07 이건 별로 좋아하지 않아요.

I just don't like it very much.

아이 저스트 돈트 라이크 잇 베리 머취

08 저는 기름기 있는 음식을 안 좋아해요.

I don't like oily food.

아이 돈트 라잌 오일리 푸드

09 저는 찬 음식을 싫어합니다.

I hate cold meals.

아이 해잇트 콜드 밀스

10 이제 이 음식에 질렸어요.

I get tired of eating this food.

아이 겟 타이어드 어브 잇팅 디스 푸드

11 배가 고파요.

I'm hungry. / I'm starving now.

아임 헝그리 / 아임 스타빙 나우

12 배가 부르군요.

I'm full.

아임 풀

13 전 식욕이 왕성해요.
I have a big appetite.
아이 해브 어 빅 애피타이트

14 먹고 싶은 생각이 없어요.
I don't feel like eating.
아이 돈트 필 라일 잇팅

15 당신은 대식가이군요.
You're a big eater.
유어러 빅 잇터

16 제가 과식을 했나 봐요.
I'm afraid I ate too much.
아임 어프레이드 아이 에잇 투 머취

17 저는 다이어트 중입니다.
I've been dieting.
아이브 빈 다이어팅

18 저는 조금밖에 안 먹어요.
I eat like a bird.
아이 잇 라이크 어 버드

음식맛을 말할 때

01 맛이 어떻습니까?

How does it taste?

하우 더즈 잇 테이스트?

02 아주 맛있는데요.

It's very good.

잇츠 베리 굿

03 군침이 도는군요.

My mouth is watering.

마이 마우스 이즈 워터링

04 이건 제 입맛에 안 맞아요.

This food doesn't suit my taste.

디스 푸드 더즌트 슈잇 마이 테이스트

05 달콤해요

It's sweet.

잇츠 스위트

06 싱거워요.

It's bland.

잇츠 블랜드

07 써요.
It's bitter.
잇츠 비터

08 짜요.
It's salty.
잇츠 쏠티

09 매워요.
It's hot.
잇츠 핫

10 신선해요.
It's fresh.
잇츠 플래쉬

11 질겨요.
It's tough.
잇츠 터프

12 기름기가 많아요.
It's fatty.
잇츠 패티

식당을 말할 때

01 이 식당은 항상 붐벼요.

This restaurant is always crowed.

디스 레스터란트 이즈 올웨이즈 클라우드

---

02 이 식당은 음식을 잘 해요.

This restaurant serves good meals and drinks.

디스 레스터란트 써브즈 굿 밀스 앤 드링스

---

03 여기 자주 오세요?

Do you come here often?

두 유 컴 히어 어픈?

---

04 여기서 종종 만나는군요.

I often see you here.

아이 어픈 씨 유 히어

---

05 여기 분위기를 좋아해요.

I like the atmosphere here.

아이 라잌 디 애트머스피어 히어

---

06 이 집은 새우가 일품입니다.

This place has delicious shrimp.

디스 플레이스 해즈 딜리셔스 쉬림프

 식당에서의 트러블

01 주문한 음식이 아직 안 나왔습니다.

My order hasn't come yet.

마이 오더 해즌ㅌ 컴 옛

02 아직 시간이 많이 걸립니까?

Will it take much longer?

윌 잇 테익 머치 롱거?

03 주문한 것 어떻게 된 거죠?

What happened to my order?

왓 해펀드 투 마이 오더?

04 이건 주문하지 않았습니다.

I didn't order this.

아이 디든ㅌ 오더 디스

05 수프에 뭐가 들어 있어요.

There's something in the soup.

데어즈 썸씽 인 더 쑤웁

06 음식에 이상한 것이 들어 있어요.

There is something strange in my food.

데어 이즈 썸씽 스트레인지 인 마이 푸드

07 다시 가져다 주시겠어요?

Could you take it back, please?

쿠드 유 테이킷 백, 플리즈?

---

08 이 고기는 충분히 익지 않았는데요.

I'm afraid this meat is not done enough.

아임 어프레이드 디스 미트 이즈 낫 던 이너프

---

09 좀 더 구워 주시겠어요?

Could I have it broiled a little more?

쿠드 아이 해브 잇 보일드 어 리틀 모어?

---

10 이 음식이 상한 것 같아요.

I'm afraid this food is stale.

아임 어프레이드 디스 푸드 이즈 스테일

---

11 주문을 바꿔도 될까요?

Can I change my order?

캔 아이 체인쥐 마이 오더?

---

12 주문을 취소하고 싶은데요.

I want to cancel my order.

아이 원 투 캔슬 마이 오더

식사를 마친 후

01 식사를 맛있게 드셨기를 바랍니다.
I hope you enjoyed your meal.
아이 홉 유 인죠이드 유어 밀

02 점심 식사 맛있게 드셨어요?
Did you enjoy your lunch?
디드 유 인죠이 유어 런치?

03 아주 맛있게 먹었습니다.
I enjoyed it very much.
아이 인죠이드 잇 베리 머취

04 점심 식사를 대접해 주셔서 고맙습니다.
Thank you for your lunch.
땡큐 풔 유어 런치

05 모든 게 괜찮았습니까?
Is everything all right?
이즈 애브리씽 올 롸잇?

06 남은 요리를 가지고 가고 싶은데요.
Do you have a doggie bag?
두 유 해브 어 더기 백?

음식값을 계산할 때

01 지금 계산할까요?
Do I pay you?
두 아이 페이 유?

02 아니오. 카운터에서 계산해 주십시오.
No, sir. Please pay the cashier.
노, 써. 플리즈 페이 더 캐쉬어

03 계산서를 주시겠습니까?
May I have the bill, please?
메- 아이 해브 더 빌, 플리즈?

04 내가 지불하겠습니다.
I'll pay for it.
아윌 페이 풔 잇

05 나누어 계산하기로 합시다.
Let me share the bill.
렛 미 쉐어 더 빌

06 각자 계산하기로 합시다.
Let's go Dutch, shall we?
렛츠 고 더치, 쉘 위?

07 이번에는 내가 사죠.

Let me treat you this time.

렛 미 트리트 유 디스 타임

08 계산서를 부탁합니다.

Check, please.

첵, 플리즈

09 따로따로 지불을 하고 싶은데요.

Separate checks, please.

쎄퍼레잇 첵스, 플리즈

10 봉사료는 포함되어 있습니까?

Is it including the service charge?

이즈 잇 인클루딩 더 써비스 차쥐?

11 두 분 따로 계산해 드릴까요?

Would you like separate checks?

우드 유 라잌 쎄퍼레잇 첵스?

12 계산서 하나로 할까요, 따로따로 할까요?

Would this be one check or separate?

우드 디스 비 원 첵 오어 쎄퍼레잇?

13 함께 계산해줘요.
One check, please.
원 첵, 플리즈

14 다음에 당신이 내세요.
You can pay next time.
유 캔 페이 넥스트 타임

15 청구서에 잘못된 것이 있습니다.
There's a mistake in the bill.
데어즈 어 미스테잌 인 더 빌

16 이건 주문하지 않았습니다.
I didn't order this.
아이 디든ㅌ 오더 디스

17 거스름돈이 틀립니다.
You gave me wrong change.
유 게이브 미 렁 체인쥐

18 거스름돈은 가지세요.
Please keep the change.
플리즈 킵 더 체인쥐

현지에서 찐으로 통하는 회화는 따로 있다

음주&패스트푸드에 관한 표현

가장 많이 쓰이는 회화

뭐 마실 것을 드시겠습니까?
Something to drink?

커피로 하겠습니다.
I'd rather have coffee.

한 잔 합시다.
Let's have a drink?

건배합시다!
Let's have a toast!

음료를 마실 때

01 뭐 마실 것을 드시겠습니까?

Would you care for anything to drink?

우드 유 케어 풔 애니씽 투 드링크?

Will you have something to drink?

윌 유 해브 썸씽 투 드링크?

Something to drink?

썸씽 투 드링크?

---

02 한국 차를 드시겠습니까?

Would you like some Korean tea?

우드 유 라익 썸 코리언 티?

---

03 무엇을 드시겠습니까? 커피요, 아니면 홍차요?

What would you like? Coffee, or tea?

왓 우드 유 라익? 커피, 오어 티?

---

04 냉홍차가 있습니까?

Do you have any iced tea?

두 유 해브 애니 아이스트 티?

---

05 커피로 하겠습니다.

I'd rather have coffee.

아이드 래더 해브 커피

06 커피는 어떻게 해 드릴까요?

How would you like it?

하우 우드 유 라잌 잇?

---

07 카페인이 없는 커피로 주세요.

I'd like some decaf.

아이드 라잌 썸 디카프

---

08 크림과 설탕을 넣어 주세요.

With cream and sugar, please.

위드 크림 앤 슈거, 플리즈

---

09 블랙 커피로 주세요.

Black coffee, please.

블랙 커피, 플리즈

---

10 그것을 두 잔 해 주세요.

Make that two.

메이크 댓 투

---

11 지금 커피를 가져다 드릴까요?

Would you like me to get your coffee now?

우드 유 라잌 미 투 겟 유어 커피 나우?

술을 주문하거나 권할 때

01 술 한 잔 하시겠어요?

Would you care for a drink?

우드 유 케어 풔 어 드링크?

02 오늘밤 한 잔 어때요?

How about having a drink tonight?

하우 어바웃 해빙 어 드링크 투나잇?

03 한 잔 합시다.

Let's have a drink?

렛츠 해브 어 드링크?

04 한 잔 사고 싶은데요.

Let me buy you a drink.

렛 미 바이 유 어 드링크

05 술 마시는 걸 좋아하세요?

Do you like to drink?

두 유 라잌 투 드링크?

06 저희 집에 가서 한잔합시다.

Let's go have drink at my place.

렛츠 고 해브 드링크 앳 마이 플레이스

07 뭘로 마시겠습니까?

What do you want to drink?

왓 두 유 원 투 드링크?

08 와인 메뉴 좀 볼까요?

Can I see your wine list?

캔 아이 씨 유어 와인 리스트?

09 맥주 두 잔 갖다 주세요.

Will you get us two beers?

윌 유 겟 어스 투 비어즈?

10 건배합시다!

Let's have a toast! / Let's toast!

렛츠 해브 어 토우스트! / 렛츠 토우스트!

11 맥주 한 병 더 주세요.

Another bottle of beer for me, please.

어나더 바틀 어브 비어 풔 미, 플리즈

12 얼음을 타서 주세요.

On the rocks, please.

안 더 락스, 플리즈

13 이 술은 독한가요?

Is it strong?

이즈 잇 스트롱?

14 안주는 무엇이 있습니까?

What food do you have to go with your wine?

왓 푸드 두 유 해브 투 고 위드 유어 와인?

15 맥주 한 잔 더 하시겠어요?

Would you like another glass of beer?

우드 유 라잌 어나더 글래스 어브 비어?

16 아니오, 됐습니다. 과음했습니다.

No, thanks. I'm too drunk.

노, 땡스. 아임 투 드렁크

17 오늘 저녁 취하도록 마셔 봅시다.

Let's get drunk.

렛츠 겟 드렁크

18 마시면서 얘기 나눕시다.

Let's have a talk over drinks.

렛츠 해브 어 토크 오버 드링스

술에 관한 여러 가지 화제

01 저는 술을 좋아합니다.
I'm a drinker.
아임 어 드링커

02 미안하지만, 술을 안 마십니다.
I'm sorry, I don't drink.
아임 쏘리, 아이 돈ㅌ 드링크

03 술을 끊을 수 없습니다.
I can't give up drinking.
아이 캔ㅌ 기브 업 드링킹

04 이 맥주 맛 끝내주는데요.
This beer hits the spot.
디스 비어 힛츠 더 스팟

05 보통 어느 정도 마십니까?
How much do you usually drink?
하우 머치 두 유 유쥬얼리 드링크?

06 저는 한 잔만 마셔도 얼굴이 빨개져요.
A single cup of wine makes me flushed.
어 씽글 컵 어브 와인 메이크스 미 플러쉬드

패스트푸드점에서 주문할 때

01 주문을 받을까요?

May I take your order?

메- 아이 테이크 유어 오더?

---

02 무엇을 드시겠어요?

What would you like?

왓 우드 유 라익?

---

03 네. 햄버거하고 프렌치프라이를 하겠어요.

Yes, please. I'd like a hamburger and french fries.

예스, 플리즈. 아이드 라익 어 햄버거 앤 프렌치 프라이즈

---

04 여기서 드실 건가요, 가지고 가실 건가요?

For here or to go?

풔 히어 오어 투 고?

---

05 여기서 먹을 겁니다.

For here, please.

풔 히어, 플리즈

---

06 다른 것은요?

Anything else?

애니씽 엘쓰?

07 콜라 한 잔 주세요.

One coke, please.

원 코크, 플리즈

---

08 치즈버거 두 개 싸 주십시오.

Please make two cheeseburgers to take out.

플리즈 메잌 투 치즈버거스 투 테이크 아웃

---

09 핫도그 하나 주세요. 여기서 먹을 겁니다.

One frank, please. I'll have it here.

원 프랭크, 플리즈. 아윌 해브 잇 히어

---

10 케첩을 발라 주세요.

I'd like some ketchup on them.

아이드 라잌 썸 켓첩 안 뎀

---

11 소스를 따로 구입할 수 있나요?

Source can be purchased separately?

쏘스 캔 비 펄처스드 쎄퍼레잇틀리?

---

12 햄버거는 반으로 잘라 주세요.

The burger is cut in half.

더 버거 이즈 컷 인 해프

찐으로 통하는 회화는 따로 있다

쇼핑표현

PART 08

현지에서 찐으로 통하는 회화는 따로 있다

쇼핑에 관한 표현

가장 많이 쓰이는 회화

무엇을 찾으십니까?
What are you looking for?

그냥 둘러보고 있어요.
Just looking.

이것과 같은 것이 있나요?
Do you have one like this?

즉시 갖다 드리겠습니다.
I'll get it for you right away.

> 가게를 찾을 때

01 오늘 쇼핑하러 갈 겁니까?

Are you going shopping today?

아 유 고잉 샤핑 투데이?

---

02 오늘 오후에 쇼핑하러 갈 겁니다.

I'm going shopping this afternoon.

아임 고잉 샤핑 디스 애프터눈

---

03 여기서 가장 가까운 쇼핑센터는 어디입니까?

Where's the nearest shopping center from here?

웨어즈 더 니어리스트 샤핑 쎈터 프럼 히어?

---

04 실례합니다. 백화점은 어디 있습니까?

Excuse me. Where is the department store?

익스큐즈 미. 웨어 이즈 더 디파트먼트 스토어?

---

05 이 도시에서 가장 큰 백화점은 어디입니까?

Which is the biggest department store in this city?

위치 이즈 더 빅이스트 디파트먼트 스토어 인 디스 씨티?

---

06 아동복은 어디서 사죠?

Where can I buy children's clothing?

웨어 캔 아이 바이 췰드런즈 클로우딩?

07 장난감은 어디서 팝니까?

Where do they sell toys?

웨어 두 데이 쎌 토이즈?

---

08 매장 안내소는 어디입니까?

Where is the information booth?

웨어 이즈 디 인포메이션 부쓰?

---

09 남성복은 몇 층에 있습니까?

Which floor is the men's wear on?

위치 플로어 이즈 더 맨스 웨어 안?

---

10 넥타이는 어디서 팝니까?

Where can I get ties?

웨어 캔 아이 겟 타이즈?

---

11 그건 어디서 살 수 있습니까?

Where can I buy that?

웨어 캔 아이 바이 댓?

---

12 면세품 상점이 있습니까?

Is there a tax-free shop?

이즈 데어러 텍스-프리 샵?

매장 안에서

01 어서 오십시오.

What can I do for you?

왓 캔 아이 두 풔 유?

---

02 뭘 도와 드릴까요?

May I help you? / Anything I can help you?

메- 아이 핼프 유? / 애니씽 아이 캔 핼프 유?

---

03 무엇을 찾으십니까?

What are you looking for?

왓 아 유 룩킹 풔?

---

04 저희 상품들을 보여 드릴까요?

May I show you our line?

메- 아이 쇼 유 아워 라인?

---

05 괜찮습니다. 그냥 좀 구경하고 있습니다.

No. thank you. I'm just looking around.

노. 땡큐. 아임 저스트 룩킹 어롸운드

---

06 그렇게 하세요. 천천히 보세요.

I hope you will. Take your time.

아이 홉 유 윌. 테이크 유어 타임

325

07 그냥 둘러보고 있어요.

Just looking.

저스트 룩킹

08 저거 보여 주시겠어요?

Would you show me that one?

우드 유 쇼 미 댓 원?

09 이거 만져봐도 됩니까?

May I touch this?

메- 아이 터치 디스?

10 이걸 주세요.

This one, please.

디스 원, 플리즈

11 마음에 든 것이 없습니다.

Nothing for me.

낫씽 풔 미

12 이 물건 있습니까?

Do you have this in stock?

두 유 해브 디스 인 스탁?

13 그런 상품은 취급하지 않습니다.
We don't carry that item.
위 돈ㅌ 캐리 댓 아이템

14 이것과 같은 것이 있나요?
Do you have one like this?
두 유 해브 원 라이크 디스?

15 마침 그 물건이 떨어졌습니다.
They're all sold out.
데어 올 솔드 아웃

16 그 상품은 재고가 없습니다.
The item is out of stock?
디 아이템 이즈 아웃 어브 스탁?

17 즉시 갖다 드리겠습니다.
I'll get it for you right away.
아윌 겟 잇 풔 유 롸잇 어웨이

18 이것이 가장 잘 팔리는 상품입니다.
This is the largest selling brand.
디스 이즈 더 라지스트 셀링 브랜드

19 그런 물건은 흔하지 않아요.

Such things are by no means common.

써취 씽스 아 바이 노 민스 커먼

---

20 그건 중고품들입니다.

They are second hand.

데이 아 쎄컨드 핸드

---

21 이것은 어떻습니까?

How do you like this one?

하우 두 유 라잌 디스 원?

---

22 어떤 상표를 원하십니까?

Which brand do you want?

위치 브랜드 두 유 원트?

---

23 몇 가지 더 보여 주시겠어요?

Will you show me some?

윌 유 쇼우 미 썸?

---

24 마음에 드는 게 없군요.

I don't see anything I want.

아이 돈트 씨 애니씽 아이 원트

25 들어와서 보세요.

Come on in and take a look.

컴 온 인 앤드 테익 어 룩

26 안에 물건 많이 있습니다.

There are many things in the shop.

데어 아 메니 씽스 인 더 샵

27 탈의실은 저쪽에 있어요.

The changing rooms are over there.

더 체인징 룸즈 아 오버 데어

28 잘 어울리네요.

That looks nice on you.

댓 룩스 나이스 안 유

29 이것과 어울리는 바지 있나요?

Do you have a pants to match this?

두 유 해브 어 팬츠 투 매치 디스?

30 싸게 드릴게요.

I'll give you a good price.

아윌 기브 유 어 굿 프라이스

물건 구입에 관한 표현

현지에서 찐으로 통하는 회화는 따로 있다

가장 많이 쓰이는 회화

어때요, 잘 맞습니까?
How's the fit?

당신에게 아주 잘 어울리는데요.
It goes well with you.

립스틱을 하나 사려고 하는데요.
I'd like to buy a lipstick.

여기 샘플이 있습니다. 발라 보세요.
Here's a tester. Please try it.

의복·신발을 살 때

01 입어 봐도 되겠습니까?

May I try this on?

메- 아이 트라이 디스 안?

---

02 내 사이즈에 맞는 게 있습니까?

Do you have this one in my size?

두 유 해브 디스 원 인 마이 싸이즈?

---

03 색상이 다른 건 있습니까?

In different colors?

인 디퍼런트 컬러즈?

---

04 탈의실이 어디죠?

Where is the fitting room?

웨어 이즈 더 피팅 룸?

---

05 어때요, 잘 맞습니까?

How's the fit?

하우즈 더 핏?

---

06 당신에게 아주 잘 어울리는데요.

It goes well with you.

잇 고우즈 웰 위드 유

331

07 저에게 맞지 않습니다.

It doesn't fit me.

잇 더즌트 핏 미

08 저에게 잘 맞습니다.

It fits me very well.

잇 피츠 미 베리 웰

09 이건 너무 꽉 끼는데요(헐렁해요).

It's too tight (loose).

잇츠 투 타잇트(루즈)

10 더 큰 것은 없나요?

Don't you have a larger one?

돈트 유 해브 어 라져 원?

11 어떤 사이즈를 입으세요(찾으세요)?

What size do you wear (need)?

왓 싸이즈 두 유 웨어(니드)?

12 진열장 안에 있는 저 드레스를 볼 수 있을까요?

Can I see that dress in the window?

캔 아이 씨 댓 드레스 인 더 윈도우?

13 이 재킷 사이즈 8 있어요?

Do you have this jacket in size 8?

두 유 해브 디스 쟈켓 인 싸이즈 에잇?

14 이 스웨터 빨간색 있어요?

Do you have this sweater in red?

두 유 해브 디스 스웨터 인 레드?

15 이 드레스 중간 사이즈 있어요?

Do you carry this dress in a medium?

두 유 캐리 디스 드레스 인 어 미디엄?

16 색깔이 마음에 안 들어요.

It's the wrong color.

잇츠 더 렁 컬러

17 치수가 안 맞아요.

It doesn't fit.

잇 더즌ㅌ 핏

18 별로 마음에 안 들어요.

I don't really like it.

아이 돈ㅌ 리얼리 라이크 잇

19 이 코트는 방수가 됩니다.

This coat is waterproof.

디스 코트 이즈 워터푸르푸

20 이 셔츠는 물세탁이 가능합니다.

This shirt is washable.

디스 셔츠 이즈 와셔블

21 이 바지는 다리미질을 하지 않아도 됩니다.

These pants are drip-dry.

디즈 팬츠 아 드립-드라이

22 어떠세요, 잘 맞습니까?

How do you feel?

하우 두 유 필?

23 지금 유행하고 있는 것이 뭔가요?

What is fashionable?

왓 이즈 패셔너블?

24 요즘 숙녀복은 어떤 것이 인기가 있나요?

What's popular in women's clothing?

왓츠 파퓰러 인 우먼스 클로우딩?

25 세일하는 건가요?

Is it on sale?

이즈 잇 안 세일?

26 구두가 너무 꼭 끼어서 아파요.

These shoes are so tight they hurt.

디즈 슈즈 아 쏘 타이트 데이 허트

27 제 신발 사이즈를 좀 재주세요.

Please check my shoe size.

플리즈 첵 마이 슈즈 사이즈

28 이 신발이 딱 맞습니다.

These shoes are just right.

디즈 슈즈 아 저스트 롸잇

29 이 사이즈로 다른 걸 보여 주세요.

Please show me another one in this size.

플리즈 쇼 미 어나더 원 인 디스 사이즈

30 죄송합니다. 손님 사이즈가 없습니다.

I'm sorry. we don't have that in your size.

아임 쏘리. 위 돈트 해브 댓 인 유어 사이즈

가방·모자를 살 때

01 이 소재는 무엇입니까?

What material is this?

왓 머티어리얼 이즈 디스?

---

02 이 가방은 비닐제품으로 매우 튼튼해요.

As this bag is made of vinyl, it's very strong.

애즈 디스 백 이즈 메이드 어브 바이널, 잇츠 베리 스트롱

---

03 샤넬 백은 어디에 있습니까?

Where are Chanel bags?

웨어 아 샤넬 백스?

---

04 이건 인조 가죽입니까?

Is this artificial leather?

이즈 디스 아티피셜 레더?

---

05 이 색상으로 다른 모양은 있습니까?

Do you have another type in this color?

두 유 해브 어나더 타입 인 디스 컬러?

---

06 이 모양으로 검정색은 있습니까?

Do you have this in black?

두 유 해브 디스 인 블랙?

> 화장품·보석·액세서리를 살 때

01 화장품 코너는 어디에 있습니까?

Where is the cosmetic counter?

웨어 이즈 더 커즈메틱 카운터?

---

02 립스틱을 하나 사려고 하는데요.

I'd like to buy a lipstick.

아이드 라잌 투 바이 어 립스틱

---

03 이건 무슨 향입니까?

What type of fragrance is this?

왓 타입 어브 프레이그런스 이즈 디스?

---

04 좀 더 진한 색으로 주세요.

A deeper color, please.

어 디퍼 컬러, 플리즈

---

05 여기 샘플이 있습니다. 발라 보세요.

Here's a tester. Please try it.

히어즈 어 테스터. 플리즈 트라이 잇

---

06 어떤 피부를 가지고 계신가요?

What type of skin do you have?

왓 타입 어브 스킨 두 유 해브?

07 피부가 건조하시군요.
Your skin is dry.
유어 스킨 이즈 드라이

08 보석 매장은 어디죠?
Where's the jewelry department?
웨어즈 더 쥬얼리 디파트먼트?

09 다이아 반지 좀 볼까요?
Can I see some diamond rings?
캔 아이 씨 썸 다이어먼드 링즈?

10 이건 몇 캐럿이죠?
How many carats is this?
하우 메니 캐럿츠 이즈 디스?

11 끼워봐도 되나요?
May I try it on?
메- 아이 트라이 잇 안?

12 이건 진짜입니까, 모조품입니까?
Is this genuine or an imitation?
이즈 디스 제뉴인 오어 언 이미테이션?

13 이건 가짜 같은데요?

This looks phony.

디스 룩스 포우니

14 이 돌은 무엇입니까?

What's this stone?

왓츠 디스 스톤?

15 이 팔찌를 보여 주세요.

Show me this bracelet.

쇼 미 디스 블레이스릿

16 왼쪽에서 두 번째 것을 보여 주세요.

Second one from the left, please.

쎄컨드 원 폼 더 레프트, 플리즈

17 이건 24K(금)입니까?

Is this 24 carat gold?

이즈 디스 투에니포 캐럿 골드?

18 보증서는 있습니까?

Is this with a guarantee?

이즈 디스 위드 어 개런티?

기념품·가전제품을 살 때

01 제 아들에게 줄 기념품을 사고 있습니다.

I'm looking for some souvenirs for my son.

아임 룩킹 풔 썸 수비니어즈 풔 마이 썬

---

02 이 지방의 대표적인 공예품을 찾고 있습니다.

I'm looking for typical crafts of this area.

아임 룩킹 풔 티피컬 크랩스 어브 디스 에어리어

---

03 고르는걸 도와 주시겠습니까?

Could you help me to make a selection?

쿠드 유 핼프 미 투 메이크 어 셀렉션?

---

04 기꺼이 도와 드리죠.

I'd be glad to.

아이드 비 글래드 투

---

05 제 아내에게 줄 선물로 무엇이 좋을까요?

What gift would you recommend for my wife?

왓 기프트 우드 유 레커맨드 풔 마이 와이프?

---

06 이건 요즘 외국인 관광객들에게 대단히 인기가 많습니다.

These have been quite popular among tourists lately.

디즈 해브 빈 콰잇 파퓰러 어몽 투어리스트 레이틀리

07 저 카메라를 좀 보고 싶습니다.

I'd like to see that camera.

아이드 라잌 투 씨 댓 케머러

08 어떤 카메라를 원하십니까?

What type of camera do you want, sir?

왓 타입 어브 캐머러 두 유 원트, 써?

09 이건 어때요? 전자동 카메라입니다.

How about this? It is fully automatic type camera.

하우 어바웃 디스? 잇 이즈 풀리 어터매틱 타입 캐머러

10 이게 가장 최신 모델인가요?

Is this your latest model?

이즈 디스 유어 레이티스트 마덜?

11 이 버튼은 어떤 기능이죠?

What are these buttons for?

왓 아 디즈 버튼스 풔?

12 이 전기제품의 전압은 몇 볼트를 사용하나요?

What voltage does this appliance use?

왓 볼티쥐 더즈 디스 어플라이언스 유스?

생필품·식료품 가게에서

01 칫솔은 어디에 있습니까?

Where are the toothbrushes?

웨어 아 더 투쓰브러쉬즈?

---

02 손톱깎이는 있습니까?

Do you have nail clippers?

두 유 해브 네일 클리퍼스?

---

03 이런 모양의 건전지가 있습니까?

Do you have the same battery as this?

두 유 해브 더 세임 배러리 애즈 디스?

---

04 세면용품은 어디에 있나요?

Where is the of toiletries?

웨어 이즈 디 어브 터일르트리?

---

05 이 수박 신선해요?

Are these watermelons fresh?

아 디즈 워터멜런스 프레쉬?

---

06 이것들은 신선해 보이지 않네요.

These don't look fresh.

디즈 돈ㅌ 룩 프레쉬

07 이 생선 신선한가요?

Is this fish fresh?

이즈 디스 피쉬 프레쉬?

08 후라이팬 어디서 팔죠?

Where can I buy a frying pan?

웨어 캔 아이 바이 어 프라잉 팬?

09 쌀 파는 데가 어디에요?

Where do they sell rice is?

웨어 두 데이 셀 라이스 이즈?

10 샴푸를 사고 싶은데요.

I would like to buy shampoo.

아이 우드 라익 투 바이 샴푸

11 일회용 종이컵이 있나요?

Do you have a disposable paper cups?

두 유 해브 어 디스포저블 페이퍼 컵스?

12 죄송하지만 그 물건은 떨어졌습니다.

I'm sorry we don't have it in stock.

아임 쏘리 위 돈ㅌ 해브 잇 인 스탁

UNIT 03

현지에서 찐으로 통하는 회화는 따로 있다

계산에 관한 표현

가장 많이 쓰이는 회화

너무 비쌉니다.
It's too expensive.

이것은 할인이 안됩니다.
We can't reduce the price.

어떻게 지불하시겠습니까?
How will you be paying for it?

신용카드로 계산하겠습니다.
Let me pay for it with my card.

물건값을 흥정할 때

01 이건 얼마입니까?

How much is this?

하우 머치 이즈 디스?

---

02 너무 비쌉니다.

It's too expensive.

잇츠 투 익스펜시브

---

03 깎아 줄래요?

Can you give me a discount?

캔 유 기브 미 어 디스카운트?

---

04 더 싼 것은 없습니까?

Anything cheaper?

애니씽 칩퍼?

---

05 깎아주면 살게요.

I'll take it if you give me a discount.

아윌 테이크 잇 이프 유 깁미 어 디스카운트

---

06 30달러로 안 되겠습니까?

To thirty dollars?

투 써티 달러즈?

07 이건 다른 가게에서 다 60달러에 팝니다.

This is sixty dollars at another store.

디스 이즈 씩스티 달러즈 앳 어나더 스토어

---

08 제 친구도 여기서 살 생각입니다.

My friend will also buy here.

마이 프렌드 윌 올소 바이 히어

---

09 이것은 할인이 안됩니다.

We can't reduce the price.

위 캔트 리듀스 더 프라이스

---

10 그게 제가 제시할 수 있는 최상의 조건입니다.

It's the most I can offer you.

잇츠 더 모스트 아이 캔 어퍼 유

---

11 제가 예산했던 것보다 비싸군요.

That's more than I wanted to spend.

댓츠 모어 댄 아이 원티드 투 스펜드

---

12 현금으로 사시면 깎아드리겠습니다.

I'll give you discount if you pay in cash.

아윌 기브 유 디스카운트 이프 유 페이 인 캐쉬

물건값을 계산할 때

01 어디서 계산을 하죠?

Where do I pay?

웨어 두 아이 페이?

---

02 저쪽 계산대에서 합니다.

At the register counter over there, please.

앳 더 레지스터 카운터 오버 데어, 플리즈

---

03 이것 좀 계산해 주시겠어요?

Will you add these up for me?

윌 유 애드 디즈 업 풔 미?

---

04 합계가 얼마입니까?

How much in all?

하우 머치 인 올?

---

05 아! 맞다, 이 셔츠도 계산에 넣어 주세요.

Oh, and add in this shirt.

오, 앤 애드 인 디스 셔츠

---

06 어떻게 지불하시겠습니까?

How will you be paying for it?

하우 윌 유 비 페잉 풔 잇?

347

07 현금으로 지불하시겠습니까, 혹은 카드로?

Will this be cash or charge?

윌 디스 비 캐쉬 오어 차쥐?

---

08 비자와 미스터 카드 둘 다 사용 가능합니다.

We take both Visa and Master Card.

위 테잌 보스 비자 앤 마스터 카드

---

09 신용카드를 받습니까?

Will you take credit cards?

윌 유 테잌 크레딧 카드즈?

---

10 여행자수표를 받습니까?

Do you honor traveler's checks?

두 유 아너 트레벌즈 첵스?

---

11 신용카드로 계산하겠습니다.

Let me pay for it with my card.

렛 미 페이 풔 잇 위드 마이 카드

---

12 여기 거스름돈이 있습니다.

Here is your change.

히어 이즈 유어 체인쥐

13 거스름돈이 모자라는 것 같군요.
I think I was shortchanged.
아이 씽 아이 워즈 숏체인쥐드

14 거스름돈을 더 주셨습니다.
You gave me too much change.
유 게이브 미 투 머치 체인쥐

15 영수증 좀 끊어 주세요.
Let me have a receipt, please.
렛 미 해브 어 리씻, 플리즈

16 영수증을 받으십시오.
Here's the receipt.
히어즈 더 리씻

17 혹시 계산이 틀리지 않았습니까?
Isn't there a mistake in the bill?
이즌트 데어러 미스테잌 인 더 빌?

18 틀리지 않았습니다.
I'm not wrong.
아임 낫 렁

UNIT 04
현지에서 찐으로 통하는 회화는 따로 있다
포장&배달에 관한 표현

가장 많이 쓰이는 회화

이걸 교환해 주시겠어요?
Can I exchange this?

물론이죠. 영수증 가지고 계십니까?
Yes, of course. Do you have the receipt?

이것들을 한국으로 보내 주시겠어요?
Could you send these to Korea?

한달 후에 도착할 겁니다.
It will be there in one month.

포장을 부탁할 때

01 선물 포장하는 곳이 따로 있나요?

Do you have gift-wrapping counter?

두 유 해브 기프트-래핑 카운터?

02 포장을 해 주시겠어요?

Would you have them wrapped?

우드 유 해브 댐 랩트?

03 이걸 선물용으로 포장해 주시겠어요?

Could you wrap this up as a gift?

쿠드 유 랩 디스 업 애즈 어 기프트?

04 리본을 달아서 포장해 주세요.

Would you add a ribbon?

우드 유 애드 어 리번?

05 이걸 따로따로 포장해 주세요.

Wrap them separately.

랩 댐 새퍼레이틀리

06 선물 포장을 하면 비용이 따로 드나요?

Is there a charge for gift-wrapping?

이즈 데어 어 챠지 풔 기프트 래핑?

배달을 부탁할 때

01 배달 해 드릴까요?

Would you like that delivered?

우드 유 라잌 댓 딜리버드?

---

02 배달해 주나요?

Do you deliver?

두 유 딜리버?

---

03 이 주소로 이걸 배달해 주시겠어요?

Can I have these delivered to this address?

캔 아이 해브 디즈 딜리버드 투 디스 애드레스?

---

04 배달비는 따로 내야 합니까?

Do I have to pay extra for delivery?

두 아이 해브 투 패이 액스트러 풔 딜리버리?

---

05 이것들을 한국으로 보내 주시겠어요?

Could you send these to Korea?

쿠드 유 샌드 디즈 투 코리아?

---

06 한달 후에 도착할 겁니다.

It will be there in one month.

잇 윌 비 데어 인 원 먼스

물건을 교환·반품할 때

01 이걸 교환해 주시겠어요?

Can I exchange this? / I'd like to exchange this.

캔 아이 익스체인쥐 디스? / 아이드 라잌 투 익스체인쥐 디스

02 이걸 환불해 주실 수 있겠습니까?

May I get a refund on this, please?

메- 아이 겟 어 리펀드 안 디스 플리즈?

03 물론이죠. 영수증 가시고 계십니까?

Yes, of course. Do you have the receipt?

예스, 어브 코스. 두 유 해브 더 리씻?

04 때가 묻었습니다.

It's dirty.

잇츠 더티

05 깨져 있습니다.

It's broken.

잇츠 브로컨

06 찢어있습니다.

It's rwipped.

잇츠 립피드

07 사이즈가 안 맞아요.
This size doesn't fit me.
디스 사이즈 더즌ㅌ 핏 미

08 여기에 영수증이 있습니다.
Here's the receipt.
히어즈 더 리씻

09 이 스커트를 환불받고 싶은데요.
I'd like a refund for this skirt.
아이드 라이크 어 리펀드 풔 디스 스컷트

10 어제 샀는데요.
I bought it yesterday.
아이 바팃 예스터데이

11 불량품인 것 같은데요.
I think it's defective.
아이 씽크 잇츠 디펙티브

12 새 것으로 바꿔 드리겠습니다.
I'll get you a new one.
아윌 겟 유 어 뉴 원

찐으로 통하는 회화는 따로 있다

병원표현

PART 09

현지에서 찐으로 통하는 회화는 따로 있다

건강에 관한 표현

가장 많이 쓰이는 회화

건강 유지를 위해 무엇을 하세요?
What do you do to stay healthy?

매일 조깅을 합니다.
I go jogging everyday.

한 번에 몇 알씩 먹어야 하나요?
How many should I take?

매 5시간마다 한 알씩 복용하세요.
Take one in every five hours.

건강에 대해 말할 때

01 건강 유지를 위해 무엇을 하세요?
What do you do to stay healthy?
왓 두 유 두 투 스테이 핼씨?

02 매일 조깅을 합니다.
I go jogging everyday.
아이 고 죠깅 애브리데이

03 저는 아주 건강해요.
I'm in a fairly good shape.
아임 인 어 페어리 굿 쉐이프

04 저는 건강이 별로 안 좋아요.
My health is not so good.
마이 핼스 이즈 낫 쏘 굿

05 몸에 이상이 있는 것 같아요.
Something must be wrong with me.
썸씽 머스트 비 워롱 위드 미

06 요즘 쉽게 피로를 느껴요.
I easily get tired these days.
아이 이즐리 겟 타이어드 디즈 데이즈

검진을 받을 때

01 어디가 아파서 오셨습니까?

What brings you in?

왓 브링스 유 인?

---

02 상태가 어떤지 말씀해 주시겠습니까?

Can you describe to me how you feel?

캔 유 디스크라이브 투 미 하우 유 필?

---

03 이렇게 아픈지 얼마나 됐습니까?

How long have you had this pain?

하우 롱 해브 유 해드 디스 패인?

---

04 또 다른 증상이 있습니까?

Do you have any other symptoms with it?

두 유 해브 애니 아더 심텀즈 위드 잇?

---

05 검진해 봅시다.

Let me check you.

렛 미 첵크 유

---

06 체온을 재보겠습니다.

Let me check your temperature.

렛 미 첵크 유어 템퍼러쳐

358

07 혈압을 재겠습니다.

Let's take your blood pressure.

렛츠 테이크 유어 블러드 프레슈어

08 목을 검사해 보겠습니다.

Let me examine your throat.

렛 미 이그재민 유어 쓰로트

09 주사 한 대 놓겠습니다.

I will give you a shot.

아이 윌 기뷰어 샷

10 입원해야만 합니다.

You should be hospitalized.

유 슈드 비 하스피털라이즈드

11 얼마나 있어야 나을까요?

How long will it take before I recover?

하우 롱 윌 잇 테익 비풔 아이 리커버?

12 내 몸이 내 몸 같지가 않아요.

I'm not feeling myself.

아임 낫 필링 마이셀프

> 약에 대해서 말할 때

01 이 처방전을 약사에게 주세요.

Take this prescription to a druggist.

테일 디스 프리스크립션 투 어 드럭기스트

---

02 이 처방전대로 약을 지어 주세요.

Will you please get this prescription filled?

윌 유 플리즈 겟 디스 프리스크립션 필드?

---

03 처방전 가져 오셨습니까?

Do you have the prescription?

두 유 해브 더 프리스크립션?

---

04 처방전 없이는 약을 사실 수 없습니다.

You can't buy it without the prescription.

유 캔트 바이 잇 윗아웃 더 프리스크립션

---

05 1일 3회, 식전에 복용하세요.

Three times a day before meal, please.

쓰리 타임즈 어 데이 비풔 밀, 플리즈

---

06 좋은 감기 약이 있나요?

Do you have anything for a cold?

두 유 해브 애니씽 풔러 콜드?

07 아스피린을 한 번 드셔 보세요.
Why don't you take an aspirin.
와이 돈츄 테익 언 애스퍼린

08 한 번에 몇 알씩 먹어야 하나요?
How many should I take?
하우 메니 슈드 아이 테익?

09 한 번에 한 알만 복용하면 됩니다.
Only one at a time.
온리 원 앳 어 타임

10 얼마나 자주 이 알약을 복용해야 됩니까?
How often should I take these pills?
하우 오픈 슈드 아이 테익 디즈 필즈?

11 매 5시간마다 한 알씩 복용하세요.
Take one in every five hours.
테익 원 인 애브리 파이브 아워즈

12 잠자리에 들기 전에 드세요.
Take before going to bed.
테익 비포어 고잉 투 베드

현지에서 찐으로 통하는 회화는 따로 있다
병에 관한 표현

가장 많이 쓰이는 회화

어디가 아프셔서 오셨습니까?
Can you tell me what's wrong?

감기에 걸렸습니다.
I have a cold.

어쩌다가 이렇게 되었어요.
How did this happen.

운동하다가 다쳤어요.
I hurt myself working out.

내과에서

01 어디가 아프셔서 오셨습니까?
Can you tell me what's wrong?
캔 유 텔 미 왓츠 워렁?

02 감기에 걸렸습니다.
I have a cold.
아이 해브 어 콜드

03 1주일 넘게 감기를 앓고 있습니다.
I've had this cold for over a week.
아이브 해드 디스 콜드 풔 오버 어 윅

04 몸살이 났습니다.
I ache all over my body.
아이 에익 올 오버 마이 바디

05 고열이 있습니다.
I have a high fever.
아이 해브 어 하이 피붜

06 머리가 좀 띵합니다.
I have a minor headache.
아이 해브 어 마이너 해드에익

07 아랫배가 아픕니다.

I have a pain in the lower abdomen.

아이 해브 어 페인 인 더 로우어 애브더멈

08 배탈이 났어요.

My stomach is upset.

마이 스토먹 이즈 업셋

09 속이 매스꺼워요.

I'm nauseous.

아임 너셔스

10 구토를 합니다.

I can't keep my food down.

아이 캔트 킵 마이 푸드 다운

11 가슴이 답답합니다.

I have a lump in my chest.

아이 해브 어 럼 인 마이 체스트

12 식중독에 걸린 것 같아요.

I think I've got food poisoning.

아이 씽 아이브 갓 푸드 포이즈닝

외과에서

01 어쩌다가 이렇게 되었어요.
How did this happen.
하우 디드 디스 해펀

02 운동하다가 다쳤어요.
I hurt myself working out.
아이 허트 마이셀프 워킹 아웃

03 미끄러 넘어져 발목을 삐었습니다.
I slipped and fell and sprained my ankle.
아이 슬립피드 앤 펠 앤 스프레인드 마이 앵클

04 팔이 부러진 것 같아요.
I think I broke my arm.
아이 씽 아이 브로크 마이 암

05 근육통이 심합니다.
I have a severe muscle pain.
아이 해브 어 써비어 머슬 페인

06 목을 거의 움직일 수가 없어요.
I can barely move my neck.
아이 캔 베어리 무브 마이 넥

07 깨진 유리조각을 밟았어요.

I stepped on a piece of broken glass.
아이 스텝트 안 어 피스 어브 브로큰 글래스

08 끓는 물에 손을 데었습니다.

I burned my hand with boiling water.
아이 번드 마이 핸드 위드 보일링 워러

09 피가 많이 나네요.

There is a lot of blood.
데어 이즈 어 랏 어브 블러드

10 온몸에 멍이 들었습니다.

I'm black and blue all over.
아임 블랙 앤 블루 올 오버

11 다리를 이렇게 움직이면 아파요.

My leg hurts when I move it like this.
마이 렉 헛츠 웬 아이 무브 잇 라잌 디스

12 사고를 당했습니다.

I was in an accident.
아이 워즈 인 언 액시던트

이비인후과에서

01 귀가 멍멍합니다.
My ears are ringing.
마이 이어즈 아 링잉

02 귀에 뭐가 들어갔습니다.
My ears are plugged up.
마이 이어즈 아 플러그드 업

03 귀에 물이 들어갔습니다.
Some water got into my ears.
썸 워러 갓 인투 마이 이어즈

04 귀에 조그만 벌레가 들어갔습니다.
A small insect flew into my ear.
어 스몰 인섹트 플루 인투 마이 이어

05 귀에서 고름이 나옵니다.
My ear is running.
마이 이어 이즈 런잉

06 잘 안들려요.
I can't hear well.
아이 캔트 히어 웰

07 코가 막혔어요.
My nose is stuffed up.
마이 노우즈 이즈 스텁트 업

08 코가 간지럽고 콧물이 납니다.
My nose is itchy and runny.
마이 노우즈 이즈 이취 앤 러니

09 콧물이 나옵니다.
I have a runny nose.
아이 해브 어 러니 노우즈

10 냄새를 맡기 곤란합니다.
I have difficulty in smelling.
아이 해브 디피컬티 인 스멜링

11 축농증 때문에 힘들어요.
My sinuses are bothering me.
마이 사이너서즈 아 바더링 미

12 환절기엔 비염이 심해져요.
Rhinitis in the change of seasons is acting up.
라이나이더스 인 더 체인쥐 어브 시즌스 이즈 액팅 업

13 목이 따끔거립니다.
My throat hurts.
마이 쓰로웃 헐스

14 물을 마시기도 힘듭니다.
It's difficult even to drink water.
잇츠 디피컬트 이븐 투 드링크 워러

15 목이 부었습니다.
My throat is swollen.
마이 쓰로웃 이즈 쏘울런

16 목에 뭔가 걸린 것 같아 불편해요.
I've got a lump on my throat.
아이브 갓 어 럼 안 마이 쓰로웃

17 기침하면 가래가 많이 나와요.
I'm coughing up a lot of phlegm.
아임 카핑 업 어 랏 어브 플램

18 음식을 먹으면 목이 아파요.
Throat hurts when I eat.
쓰로우트 헛츠 웬 아이 잇

비뇨기과에서

01 소변을 자주 보는 것 같습니다.
I seem to urinate often.
아이 씸 투 유어네잇 오픈

02 소변을 보려고 할 때 아픕니다.
It hurts when I begin to urinate.
잇 허트스 웬 아이 비긴 투 유어네잇

03 대변을 볼 때 피가 섞여 나옵니다.
I have blood in my stools.
아이 해브 블러드 인 마이 스툴스

04 휴지에 항상 피가 묻어 나옵니다.
I always see blood on the toilet paper.
아이 올웨이즈 씨 블러드 안 더 토일릿 페이퍼

05 변비에 걸렸습니다.
I've been constipated.
아이브 빈 컨스터페이티드

06 성병에 걸린 거 같아요.
I think I have a VD(an STD).
아이 씽 아이 해브 어 비디(언 에쓰 티 디)

피부과에서

01 피부가 건조합니다.
My skin is dry.
마이 스킨 이즈 드라이

02 피부에 두드러기가 났습니다.
My skin is breaking out.
마이 스킨 이즈 브레이킹 아웃

03 여드름이 심각해요.
My acne is very severe.
마이 액크니 이즈 베리 서비어

04 제 피부가 몹시 거칠어요.
My skin is very rough.
마이 스킨 이즈 베리 러프

05 화장품 때문에 피부에 발진이 생겼습니다.
I have skin rash caused by cosmetics.
아이 해브 스킨 래쉬 커즈드 바이 커즈메틱스

06 피부가 불그스레하고 얼룩이 있어요.
My skin is red and blotchy.
마이 스킨 이즈 레드 앤 블라취

산부인과에서

01 생리가 한 번 없었습니다.
I've missed a period.
아이브 미스드 어 피어리어드

---

02 평상시보다 생리양이 많아요.
I'm bleeding a lot more than normal.
아임 블리딩 어 랏 모어 댄 노멀

---

03 임신한 것 같습니다.
I think I'm pregnant.
아이 씽크 아임 프레그넌트

---

04 입덧이 심합니다.
I have terrible morning sickness.
아이 해브 테러벌 모닝 씩크니스

---

05 5분마다 산통이 있어요.
My contractions are five minutes apart.
마이 컨트렉션스 아 파이브 미닛츠 어파트

---

06 분비물이 많습니다.
I have a lot of discharge.
아이 해브 어 랏 어브 디스차쥐

소아과에서

01 아이가 먹지를 않아요.

She doesn't eat.

쉬 더즌ㅌ 잇

---

02 아이의 편도선이 부었습니다.

His tonsils are swollen.

히즈 탄실즈 아 스월런

---

03 아이가 온 몸을 떱니다.

He is trembling all over.

히 이즈 트레블링 올 오버

---

04 아이가 코피를 자주 흘립니다.

He often has a nosebleed.

히 오픈 해즈 어 노우즈블리드

---

05 아이가 뚜렷한 이유 없이 웁니다.

He cries for no apparent reason.

히 크라이스 풔 노 어페런트 리즌

---

06 아이 몸이 항상 차가워요.

He's always cold.

히즈 올웨이즈 콜드

> 신경외과에서

01 의식을 잃었습니다.

I passed out.

아이 패스트 아웃

---

02 신경쇠약입니다.

My nerves are shot.

마이 너브스 아 셧

---

03 오한 경련이 있습니다.

I have the shakes.

아이 해브 더 쉐익스

---

04 가끔 팔에 감각이 없어집니다.

My arm goes numb sometimes.

마이 암 고우즈 넘 썸타임즈

---

05 척추 아랫부분이 욱신거려요.

I'm experiencing a tingling at the base of my spine.

아임 익스피어리언씽 어 팅링 앳 더 베이스 어브 마이 스파인

---

06 가끔 하반신이 마비되는 느낌이 들어요.

I sometimes feel my lower body go numb.

아이 썸타임즈 필 마이 로우어 바디 고 넘

07 잠을 깊이 못 잡니다.
I'm a light sleeper.
아임 어 라잇 슬리퍼

08 매일 밤 악몽을 꿉니다.
I have nightmares every night.
아이 해브 나잇트메어즈 애브리 나잇

09 최근에 기분이 아주 침체되어 있어요.
I've been very depressed lately.
아이브 빈 베리 디프레스트 레이틀리

10 심한 망상에 시달리고 있습니다.
I'm suffering from delusions.
아임 써퍼링 프롬 딜루젼스

11 사람들과 말조차 할 수 없습니다.
I can't even talk to people.
아이 캔트 이븐 토크 투 피플

12 참을성이 많이 부족해졌습니다.
I've lost much of my patience.
아이브 로스트 머취 어브 마이 페이션스

안과에서

01 흐릿하게 보여요.
My vision is blurry.
마이 비젼 이즈 블러리

---

02 눈이 가렵습니다.
My eyes feel itchy.
마이 아이즈 필 이취

---

03 눈이 항상 깜박거려요.
My eyes are always blinking.
마이 아이즈 아 올웨이즈 블링킹

---

04 눈이 침침합니다.
I'm seeing things.
아임 씨잉 씽스

---

05 사물이 일그러져 보입니다.
Things look distorted.
씽즈 룩 디스터티드

---

06 빛이 밝으면 눈이 아픕니다.
My eyes hurt in bright light.
마이 아이즈 헛트 인 브라이트 라잇트

치과에서

01 치통 때문에 잠을 못잡니다.

I could not sleep because of toothache.

아이 쿠드 낫 슬립 비커즈 어브 투쓰에취

---

02 충치가 있습니다.

I have a cavity.

아이 해브 어 캐버티

---

03 잇몸에 피가 납니다.

Your gums are bleeding.

유어 검즈 아 블리딩

---

04 이가 부러졌어요.

I chipped a tooth.

아이 췹트 어 투쓰

---

05 치석이 많이 끼었습니다.

I have a lot of tartar on my teeth.

아이 해브 어 랏 어브 타터 안 마이 티쓰

---

06 스켈링을 부탁합니다.

I have to get my teeth scaled.

아이 해브 투 겟 마이 티스 스켈일드

UNIT 03

현지에서 찐으로 통하는 회화는 따로 있다
병문안에 관한 표현

가장 많이 쓰이는 회화

밀러씨가 입원해 있어요.
Mr. Miller has been in the hospital.

우리 병원에 가 봅시다.
Let's stop by the hospital.

그가 회복할 가능성이 있습니까?
Is there any chance for him to recover?

이제 많이 좋아졌습니다.
I feel much better now.

입원소식을 들었을 때

01 밀러씨가 입원해 있어요.

Mr. Miller has been in the hospital.

미스터 밀러 해즈 빈 인 더 하스피털

---

02 어느 병원에 입원해 있죠?

Which hospital is he in?

윗치 하스피털 이즈 히 인?

---

03 그녀는 병원으로 급히 후송됐어요.

She was rushed to the hospital.

쉬 워즈 러쉬트 투 더 하스피털

---

04 우리 병원에 가 봅시다.

Let's stop by the hospital.

렛츠 스탑 바이 더 하스피털

---

05 그는 어느 병실에 있죠?

What room is he staying in?

왓 룸 이즈 히 스테잉 인?

---

06 몇 시에 환자를 만날 수 있나요?

What time can I meet the patient in?

왓 타임 캔 아이 밋 더 페이션 인?

환자 증세를 말할 때

01 그가 회복할 가능성이 있습니까?
Is there any chance for him to recover?
이즈 데어 애니 챈스 풔 힘 투 리커버?

02 그는 매일 조금씩 좋아지고 있습니다.
Every he's getting a little better.
애브리 히즈 겟팅 어 리틀 배터

03 이제 많이 좋아졌습니다.
I feel much better now.
아이 필 머취 배터 나우

04 그는 언제 퇴원할 수 있을까요?
When will he get out of the hospital?
웬 윌 히 겟 아웃 어브 더 하스피털?

05 그는 곧 퇴원할 겁니다.
He will soon be out of hospital.
히 윌 쑨 비 아웃 어브 하스피털

06 그는 1주일 후면 퇴원할 수 있습니다.
He'll be discharged in a week.
히윌 비 디스차쥐드 인 어 윅

07 내일이면 집에 갈 수 있을 거예요.
I can go home tomorrow.
아이 캔 고 홈 투머로우

08 수술이 성공입니다.
The surgery went well.
더 서져리 웬트 웰

09 지금 회복실에 있습니다.
He's in the recovery room right now.
히즈 인 더 리커버리 룸 롸잇 나우

10 하루 푹 쉬면 될 것 같습니다.
I think one day's good rest should do it.
아이 씽 원 데이즈 굿 레스트 슈드 두 잇

11 환자의 상태는 좋습니다.
The patient is doing well.
더 페이션트 이즈 두잉 웰

12 그가 위독해요.
He is seriously ill.
히 이즈 씨어리어슬리 일

13 기분이 어떠세요?

How are you feeling?

하우 아 유 필링?

14 좀 나아지셨습니까?

Are you feeling better?

아 유 필링 배터?

15 정말 유감입니다.

I'm sorry to hear that.

아임 쏘리 투 히어 댓

16 곧 나아지길 바랍니다.

I hope you feel better soon.

아이 홉 유 필 배터 쑨

17 몸조리 잘 하세요.

Take good care of yourself, please.

테익 굿 케어 어브 유어셀프, 플리즈

18 와 주셔서 감사합니다.

Thank you for coming by.

땡큐 풔 커밍 바이

찐으로 통하는 회화는 따로 있다

서비스 표현

PART 10

현지에서 찐으로 통하는 회화는 따로 있다

전화에 관한 표현

가장 많이 쓰이는 회화

미스터 김 계세요?
Is Mr. Kim in?

누구시죠?
Who's this?

메리 좀 바꿔 주세요.
Mary, please.

잠깐만 기다려 주세요.
One moment, please.

> 전화를 걸 때

01 공중전화는 어디에 있습니까?

Can you tell me where the pay telephone is?

캔 유 텔 미 웨어 더 페이 텔러폰 이즈?

02 전화를 사용해도 될까요?

May I use your phone?

메- 아이 유즈 유어 폰?

03 뉴욕의 지역번호는 몇 번입니까?

What's the area code for New York?

왓츠 디 에어리어 코드 풔 뉴욕?

04 전화를 걸어 주시겠습니까?

Could you call me, please.

쿠드 유 콜 미, 플리즈

05 여보세요! 저는 A사의 미스터 박입니다.

Hello! This is Mr. Park of the A Company.

헬로우! 디스 이즈 미스터 팍 어브 디 에이 컴퍼니

06 미스터 김 계세요?

Is Mr. Kim in?

이즈 미스터 킴 인?

07 안녕하세요, 미스 박?

Hello, Miss Park?

헬로우, 미스 박?

08 미스터 한이 계신 방 좀 대주세요.

Would you ring Mr. han's room?

우드 유 링 미스터 한스 룸?

09 미스터 신이 전화하였다기에 전화합니다.

I'm returning Mr. Sin's call.

아임 리터닝 미스터 신스 콜

10 (전화를 받으시는 분은) 누구십니까?

Who am I speaking to, please?

후 엠 아이 스피킹 투, 플리즈?

11 미스터 이와 통화할 수 있을까요?

How can I reach Mr. Lee?

하우 캔 아이 리취 미스터 리?

12 메리 좀 바꿔 주세요.

Mary, please.

메리, 플리즈

전화를 받을 때

01 전화 왔습니다.

There's a call for you.

데어저 콜 풔 유

---

02 여보세요. 누구를 찾으세요?

Hello. Who are you calling?

헬로우. 후 아 유 콜링?

---

03 누구시죠?

Who's this? / May I ask who is calling?

후즈 디스? / 메- 아이 애스크 후 이즈 콜링?

---

04 어떤 용건인지 여쭤봐도 될까요?

May I ask what this is regarding?

메- 아이 애스크 왓 디스 이즈 리가딩?

---

05 여보세요. 김입니다.

Hello. Kim speaking.

헬로우. 킴 스피킹

---

06 안녕하세요. 인터내셔널 호텔입니다.

Good morning. International Hotel.

굿 모닝. 인터내이셔널 호텔

전화를 바꿔 줄 때

01 잠깐만 기다려 주세요.

One moment, please.

원 모먼트, 플리즈

---

02 누구 바꿔 드릴까요?

Who do you wish to speak to?

후 두 유 위시 투 스픽 투?

---

03 미스터 이, 미스터 김 전화에요.

Mr. Lee, Mr. Kim is on the line.

미스터 리, 미스터 킴 이즈 안 더 라인

---

04 미스터 김한테 전화를 돌려드리겠습니다.

I'll put you through to Mr. Kim.

아윌 풋 유 쓰루 투 미스터 킴

---

05 전화를 담당 부서로 연결해 드리겠습니다.

I'll connect you with the department concerned.

아윌 커넥트 유 위드 더 디파트먼트 컨선드

---

06 글쎄요. 잠깐만요, 지금 막 들어오셨어요.

I'm not sure. Hold on, he just come in.

아임 낫 슈어. 홀 돈, 히 저스트 컴 인

전화를 받을 수 없을 때

01 지금 자리에 안 계세요.
He's not in right now.
히즈 낫 인 롸잇 나우

02 지금은 외출중입니다.
He's out at the moment.
히즈 아웃 앳 더 모먼트

03 점심식사를 하러 나가셨습니다.
She's out for lunch.
쉬즈 아웃 풔 런치

04 퇴근하셨습니다.
He's gone for the day.
히즈 곤 풔 더 데이

05 지금 다른 전화를 받고 있습니다.
He's on another line.
히즈 안 어나더 라인

06 잠시 후에 다시 걸게요.
I'll call back in a while.
아윌 콜 백 인 어 와일

> 메세지를 부탁할 때

01 메세지를 남기시겠습니까?

Would you like to leave a message?

우드 유 라잌 투 리브 어 메시쥐?

02 알겠습니다. 말씀 좀 전해 주시겠습니까?

I see. May I leave a message, please?

아이 씨. 메- 아이 리브 어 메시쥐, 플리즈?

03 돌아오면 저한테 전화해 달라고 전해 주시겠습니까?

Please tell him to call me back.

플리즈 텔 힘 투 콜 미 백

04 제가 전화했다고 그에게 좀 전해주시겠습니까?

Will you tell him I called, please?

윌 유 텔 힘 아이 콜드, 플리즈?

05 댁의 말씀을 김에게 전하겠습니다.

I'll give Mr. Kim your message.

아윌 기브 미스터 킴 유어 메시쥐

06 당신의 전화번호를 가르쳐 주십시오.

What's your phone number?

왓츠 유어 폰 넘버?

전화를 잘못 걸었을 때

01 제가 전화를 잘못 걸었습니다.

I must have the wrong number.

아이 머스트 해브 더 렁 넘버

---

02 전화번호를 다시 확인해 보세요.

You'd better check the number again.

유드 배더 첵 더 넘버 어게인

---

03 미안합니다만, 여긴 김이라는 사람이 없는데요.

I'm sorry, we don't have a Kim here.

아임 쏘리, 위 돈ㅌ 해브 어 킴 히어

---

04 아닌데요.

No, it isn't.

노, 잇 이즌ㅌ

---

05 여긴 그런 이름 가진 사람 없는데요.

There is no one here by that name.

데어리즈 노 원 히어 바이 댓 네임

---

06 죄송합니다. 전화를 잘못 거셨습니다.

I'm sorry. You must have the wrong number.

아임 쏘리. 유 머스트 해브 더 렁 넘버

현지에서 찐으로 통하는 회화는 따로 있다

우체국&은행에 관한 표현

가장 많이 쓰이는 회화

한국까지 항공편으로 보내 주세요.
By airmail to Korea, please.

수요일에 도착할 겁니다.
That should arrive on Wednesday.

신용카드를 신청하고 싶습니다.
I'd like to apply for a credit.

신분증을 볼 수 있을까요?
I need to see some identification.

우체국에서

01 이 근처에 우체국은 있습니까?
Is there a post office near here?
이즈 데어 어 포스트 오피스 니어 히어?

02 엽서를 보내고 싶습니다.
I want to send a post card.
아이 원 투 샌드 어 포스트 카드

03 이 소포를 한국으로 보내고 싶은데요.
I'd like to send this parcel to Korea.
아이드 라잌 투 샌드 디스 파쏠 투 코리어

04 한국까지 항공편으로 보내 주세요.
By airmail to Korea, please.
바이 에어메일 투 코리어, 플리즈

05 한국까지 선편으로 보내 주세요.
By seamail to Korea, please.
바이 씨메일 투 코리어, 플리즈

06 요금은 얼마입니까?
How much is the postage?
하우 머취 이즈 더 포스티쥐?

은행에서

01 환전은 어디에서 합니까?

Where can I change money?

웨어 캔 아이 체인지 머니?

02 이 한국 돈을 미국 달러로 바꾸고 싶습니다.

I want to exchange this Korean money in the U.S.dollars.

아이 원 투 익스체인쥐 디스 코리언 머니 인 더 유에스 달러즈

03 오늘의 환율은 얼마입니까?

What's the exchange rate today?

왓츠 디 익스체인지 레잇 투데이

04 잔돈을 섞어 주시겠습니까?

Will you include some small change?

윌 유 인클루드 썸 스몰 체인쥐?

05 이것을 잔돈으로 바꿀 수 있습니까?

Can you break this into small money?

캔 유 브레잌 디스 인투 스몰 머니?

06 수표를 현금으로 바꾸고 싶습니다.

I want to cash these checks.

아이 원 투 캐쉬 디즈 첵스

07 수수료는 얼마입니까?
What rate of commission do you charge?
왓 레잇 어브 커미션 두 유 차쥐?

08 은행 영업시간을 알려 주세요.
Please tell me the business hours of the bank.
플리즈 텔 미 더 비즈니스 아워즈 어브 더 뱅크

09 계좌를 개설하고 싶습니다.
I would like to open an account.
아이 우드 라잌 투 오픈 언 어카운트

10 신용카드를 신청하고 싶습니다.
I'd like to apply for a credit card.
아이드 라잌 투 어플라이 풔 어 크레딧 카드

11 신분증을 볼 수 있을까요?
I need to see some identification.
아이 니드 투 씨 썸 아이덴티피케이션

12 현금 자동 인출기는 어디 있죠?
Where is the ATM?
웨어 이즈 디 에이티엠?

현지에서 찐으로 통하는 회화는 따로 있다

부동산&관공서에 관한 표현

가장 많이 쓰이는 회화

아파트 좀 보여 주시겠어요?
Would you mind showing us the apartment.

어떤 지역에 살고 싶으세요?
What area would you like to live in?

제가 작성해야 할 서류가 뭐죠?
Which form am I suppose to fill out?

여기에 서명하시고 날짜를 쓰세요.
Just sign here and date it.

부동산에서

01 안녕하세요. 무얼 도와드릴까요?

Good morning. May I help you?

굿 모닝. 메- 아이 핼프 유?

---

02 아파트 좀 보여 주시겠어요?

Would you mind showing us the apartment.

우드 유 마인드 쇼잉 어스 디 어파트먼트

---

03 부동산에 좀 투자하고 싶어요.

I'd like to invest some money in real estate.

아이드 라잌 투 인베스트 썸 머니 인 리얼 에스테이트

---

04 침실이 두 개인 아파트를 찾고 있습니다.

I'm looking for a two-bedroom apartment.

아임 룩킹 풔 어 투 배드룸 어파트먼트

---

05 어떤 지역에 살고 싶으세요?

What area would you like to live in?

왓 에어리어 우드 유 라잌 투 리브 인?

---

06 아파트에 언제 입주하고 싶으세요?

When do you want to move in an apartment?

웬 두 유 원 투 무브 인 언 어파트먼트?

07 즉시 입주 가능합니다.
You can move in immediate.
유 켄 무브 인 이미디엇틀리

08 주거자용 주차장이 있습니까?
Do you have a residence's parking lot?
두 유 해브 어 레지던스 파킹 랏?

09 햇볕이 충분히 드는 방을 원합니다.
I want a room that gets enough sunlight.
아이 원트 어 룸 댓 겟츠 이너프 선라이트

10 이 방은 햇볕이 잘 들어요.
This room gets a lot of sun.
디스 룸 겟츠 어 랏 어브 썬

11 근처에 전철역이 있나요?
Is there a subway station in the neighborhood.
이즈 데어러 서브웨이 스테이션 인 더 네이버후드

12 대중교통을 이용하기가 가까운 데인가요?
What's the transportation like?
왓츠 더 트랜스퍼테이션 라잌?

13 언제 지어진 거죠?

When was it built?

웬 워즈 잇 빌트?

---

14 아주 튼튼한 집입니다.

It's very solid house.

잇츠 베리 솔리드 하우스

---

15 이 아파트는 방이 몇 개이죠?

How many rooms does this apartment have?

하우 메니 룸스 더즈 디스 어파트먼트 해브?

---

16 동네가 조용한가요?

Is this a quiet neighborhood?

이즈 디스 어 콰이엇 네이버후드?

---

17 보증금은 (나중에) 되돌려 받을 수 있나요?

Is the deposit refundable?

이즈 더 디파짓 리펀더블?

---

18 이 아파트를 임대하겠습니다.

I'd like to rent this apartment.

아이드 라잌 투 랜트 디스 어파트먼트

관공서에서

01 담당 부서를 가르쳐 주시겠습니까?

Would you direct me to the right section?

우드 유 디렉트 미 투 더 롸잇 섹션?

---

02 부서를 바로 찾아오셨습니다.

You came to the right section.

유 케임 투 더 롸잇 섹션

---

03 이 일은 어느 분이 담당하십니까?

Who am I supposed to see about this?

후 엠 아이 써포우즈드 투 씨 어바웃 디스?

---

04 그 분은 지금 안 계십니다.

He is not here at the moment.

히 이즈 낫 히어 앳 더 모먼트

---

05 우선 신청부터 하셔야 합니다.

You have to apply for it first.

유 해브 투 어플라이 풔 잇 퍼스트

---

06 번호를 받으시고 자리에 앉아서 기다리세요.

Please take a number and have a seat.

플리즈 테잌 어 넘버 앤 해브 어 씻

07 문서로 작성하셔야 합니다.

You have to put it down in writing.

유 해브 투 풋 잇 다운 인 롸이팅

08 제가 작성해야 할 서류가 뭐죠?

Which form am I suppose to fill out?

위치 폼 앰 아이 써포우즈 투 필 아웃?

09 여기 복사기가 있나요?

Do you have a photocopier here?

두 유 해브 어 포토카피어 히어?

10 기다리게 해서 죄송합니다.

Sorry to keep you waiting.

쏘리 투 킵 유 웨이팅

11 신속하게 도와 드리지 못해 죄송합니다.

Sorry we couldn't help you fast.

쏘리 위 쿠든ㅌ 핼프 유 패스트

12 여기에 서명하시고 날짜를 쓰세요.

Just sign here and date it.

저스트 싸인 히어 앤 데이트 잇

UNIT 04

현지에서 찐으로 통하는 회화는 따로 있다

미용&세탁에 관한 표현

가장 많이 쓰이는 회화

어느 정도 자를까요?
How would you like your hair cut?

적당히 잘라 주세요.
A regular haircut, please.

제 세탁물이 다 됐습니까?
Is my laundry ready?

예, 물론입니다. 여기 있습니다.
Yes, of course. Here you go.

미용실에서

01 근처에 이발할 곳이 있습니까?
Is there a place to get a haircut in this area?
이즈 데어러 플레이스 투 겟 어 헤어컷 인 디스 에어리어?

02 오늘 저녁으로 예약할 수 있을까요?
Can I make an appointment for this evening?
캔 아이 메이크 언 어포인트먼트 풔 디스 이브닝?

03 헤어스타일 책이 있으면 보여 주세요.
Do you have a hair style book? Can I see it?
두 유 해브 어 헤어 스타일북? 캔 아이 씨 잇?

04 커트해 주세요.
I'd like a cut.
아이드 라잌 어 컷

05 어느 정도 자를까요?
How would you like your hair cut?
하우 우드 유 라잌 유어 헤어 컷?

06 적당히 잘라 주세요.
A regular haircut, please.
어 레귤러 헤어컷, 플리즈

07 너무 짧지 않도록 해 주세요.
Not too short, please.
낫 투 숏, 플리즈

08 옆을 좀 더 잘라 주세요.
Please cut a little more off the sides.
플리즈 컷 어 리틀 모어 오프 더 싸이즈

09 끝을 다듬어 주세요.
Could you trim around the edges?
쿠드 유 트림 어롸운드 디 에쥐스?

10 파마를 해 주세요.
A permanent, please.
어 퍼머먼트, 플리즈

11 머리를 염색을 하고 싶습니다.
I'd like to my hair dyed, please.
아이드 라잌 투 마이 헤어 다이드, 플리즈

12 손톱 손질을 받고 싶은데요.
I'm going to get my nails done today.
아임 고잉 투 겟 마이 네일스 던 투데이

세탁소에서

01 이 양복을 다림질해 주세요.

I'd like to have this suit pressed, please.

아이드 라잌 투 해브 디스 슈트 프레스트, 플리즈

---

02 이 양복을 세탁 해 주세요.

I'd like to have this suit washed, please.

아이드 라잌 투 해브 디스 슈트 와시드, 플리즈

---

03 이 셔츠에 있는 얼룩을 좀 제거해 주세요.

Could you remove the stain on this shirt?

쿠드 유 리무브 더 스테인 안 디스 셔츠?

---

04 제 세탁물이 다 됐습니까?

Is my laundry ready?

이즈 마이 런드리 레디?

---

05 언제 다 됩니까?

When will it be ready?

웬 윌 잇 비 레디?

---

06 이 코트를 수선해 주시겠어요?

Could you mend this coat?

쿠드 유 멘드 디스 코트?

07 길이를 좀 줄여 주세요.
Please have my dress shortened.
플리즈 해브 마이 드레스 쇼튼드

08 이 지퍼를 고칠 수 있나요?
Can you fix this zipper?
캔 유 픽스 디스 지퍼?

09 세탁물을 찾고 싶습니다.
I'd like to pick up my laundry.
아이드 라잌 투 픽 업 마이 런드리

10 세탁비는 얼마예요?
The cost of washing is how much is it?
더 코스트 어브 워싱 이즈 하우 머치 이즈 잇?

11 요금은 얼마입니까?
How much is the postage?
하우 머치 이즈 더 포스티쥐?

12 신용카드로 계산해도 될까요?
Can I pay by credit card?
캔 아이 페이 바이 크레딧 카드?

찐으로 통하는 회화는 따로 있다

여행표현

PART 11

UNIT 01

현지에서 찐으로 통하는 회화는 따로 있다

기내&입국에 관한 표현

가장 많이 쓰이는 회화

제 자리는 어디입니까?
Where's my seat, please?

선생님 자리는 15A입니다.
You're in seat 15A.

어느 정도 체재합니까?
How long are you going to stay?

10일간(1주일)입니다.
For ten days(one week).

 기내에서

01 제 자리는 어디입니까?
Where's my seat, please?
웨어즈 마이 씻, 플리즈?

02 탑승권을 보여 주시겠습니까?
Would you show me your boarding pass?
우드 유 쇼 미 유어 보딩 패스?

03 선생님 자리는 15A입니다.
You're in seat 15A.
유아 인 씻 피프틴에이

04 미안합니다. 지나가도 될까요?
Excuse me, I'd like to get through.
익스큐즈 미, 아이드 라잌 투 겟 쓰루

05 실례지만, 여긴 제 자리입니다.
Excuse me, but I'm afraid this is my seat.
익스큐즈 미, 벗 아임 어프레이드 디스 이즈 마이 씻

06 어떤 음료를 드릴까요?
What would you like to drink?
왓 우드 유 라잌 투 드링크?

07 맥주는 있습니까?
Do you have a beer?
두 유 해브 어 비어?

08 오렌지주스를 하나 더 주세요.
Another orange juice, please.
어나더 오렌지 쥬스, 플리즈

09 식사는 언제 나옵니까?
What time do you serve the meal?
왓 타임 두 유 서브 더 밀?

10 돼지고기와 생선 중 어느 것으로 하시겠습니까?
Would you like pork or fish?
우드 유 라잌 폭 오어 피쉬?

11 생선으로 주세요.
Fish, please.
퓌시, 플리즈

12 식사는 필요없습니다.
I don't think I want the meals.
아이 돈트 씽 아이 원트 더 밀즈

13 식사는 다 하셨습니까?

Have you finished your meal?

해브 유 피니쉬드 유어 밀?

14 커피를 드시겠어요? 차를 드시겠어요?

Coffee or tea?

커피 오어 티?

15 몸이 불편한데, 약이 있을까요?

I feel a little sick. Can I have some medicine?

아이 필 어 리틀 씩. 캔 아이 해브 썸 메드슨?

16 담요를 더 주시겠어요?

Could you give me extra blankets?

쿠드 유 기브 미 엑스트라 블렁켓츠?

17 두통약이 있나요?

Do you have a headache tablet?

두 유 해브 어 헤드에익 테블렛?

18 물 좀 더 주세요.

Give me some more water please.

기브 미 썸 모어 워러 플리즈

19 기내에서 면세품을 판매합니까?

Do you sell tax-free goods on the flight?

두 유 셀 텍스 프리 굿즈 안 더 플라잇?

---

20 카달로그를 보여 주세요.

Can you show me a catalog.

캔 유 쇼 미 어 카달로그

---

21 이것은 있습니까?

Do you have this?

두 유 해브 디스?

---

22 이것으로 준비해 주세요.

Please prepare for this product.

플리즈 프리페어 풔 디스 프로덕트

---

23 입국카드 작성법을 알려주세요.

Could you tell me how to fill in this arrival card.

쿠드 유 텔 미 하우 투 필 인 디스 어라이벌 카드

---

24 비행은 제 시간에 도착합니까?

The plane should arrive on time?

더 플래인 슈드 얼라이브 안 타임?

> 입국할 때

01 여권 좀 보여 주시겠습니까?

May I see your passport, please?

메- 아이 씨 유어 패스포트, 플리즈?

---

02 여행 목적은 무엇입니까?

What's the purpose of your visit?

왓츠 더 퍼포우즈 어브 유어 비짓트?

---

03 관광(일, 방문, 유학)입니다.

Sightseeing(Business, Home-stay, Studying).

싸잇씽(비지니스, 홈-스테이, 스터딩)

---

04 어느 정도 체재합니까?

How long are you going to stay?

하우 롱 아 유 고잉 투 스테이?

---

05 10일간(1주일)입니다.

For ten days(one week).

풔 텐 데이즈(원 위크)

---

06 어디에 체재합니까?

Where are you going to stay?

웨어 아 유 고잉 투 스테이?

07 힐튼 호텔(친구 집)에 머뭅니다.

At the Hilton Hotel. / My friend's house.

앳 더 힐튼 호텔 / 마이 프렌즈 하우스

08 아직 정하지 않았습니다.

I don't know which one.

아이 돈트 노 위치 원

09 돌아가는 항공권을 보여 주세요.

Would you show me your return ticket?

우드 유 쇼 미 유어 리턴 티켓?

10 제 트렁크가 보이지 않습니다.

I can't find my suitcase.

아이 캔트 파인드 마이 슛케이스

11 수화물 보관증을 보여 주세요.

Let me see your claim tag.

렛 미 씨 유어 클레임 텍

12 ABC항공의 카운터는 어디입니까?

Where's the ABC counter?

웨어즈 디 에이비씨 카운터?

13 가방을 열어 주십시오. 이것은 무엇입니까?

Open your bag, please. What's this?

오픈 유어 백, 플리즈. 왓츠 디스?

14 신고할 것을 가지고 있습니까?

Anything to declare?

애니씽 투 디클레어?

15 이 가방에 무엇이 들어 있습니까?

What do you have in this bag?

왓 두 유 해브 인 디스 백?

16 일용품입니다.

I have personal articles.

아이 해브 퍼스널 아티클즈

17 어디에서 관세를 지불하면 됩니까?

Where should I pay the duty?

웨어 슈드 아이 페이 더 듀티?

18 무게 초과 비용이 얼마에요?

How much does it cost in excess of the weight?

하우 머치 더즈 잇 코스트 인 엑세스 어브 더 웨잇?

현지에서 찐으로 통하는 회화는 따로 있다

숙박에 관한 표현

가장 많이 쓰이는 회화

예약을 하셨습니까?
Do you have a reservation?

이것이 예약확인증입니다.
This is the voucher.

룸서비스를 부탁합니다.
Room service, please.

몇 호실입니까?
What's the room number?

 호텔을 예약할 때

01 오늘 밤 방이 있을까요?

Can I get a room for tonight?

캔 아이 겟 어 룸 풔 투나잇?

---

02 예약을 부탁합니다.

Reservation, please.

레저베이션, 플리즈

---

03 어떤 방을 원하십니까?

What kind of room are you looking for?

왓 카인드 어브 룸 아유 룩킹 풔?

---

04 욕실이 딸린 싱글 룸이 필요한데요.

I'd like a single room with bath.

아이드 라이크 어 싱글 룸 위드 배쓰

---

05 1박에 얼마입니까?

How much for a night?

하우 머치 풔 어 나이트?

---

06 아침식사는 포함됩니까?

Is breakfast included?

이즈 블랙퍼스트 인클루디드?

 호텔에서 체크인 할 때

01 안녕하십니까? 무엇을 도와 드릴까요?
Good evening. May I help you?
굿 이브닝. 메- 아이 헬프 유?

02 체크인하고 싶은데요.
I'd like to check in.
아이드 라잌 투 체킨

03 예약을 하셨습니까?
Do you have a reservation?
두 유 해브 어 레저베이션?

04 예약했습니다.
I have a reservation.
아이 해브 어 레저베이션

05 이것이 예약확인증입니다.
This is the voucher.
디스 이즈 더 바우처

06 성함을 말씀해 주십시오.
May I have your name?
메- 아이 해브 유어 네임?

07 조용한 방으로 부탁드립니다.

I'd like to make it a quiet room.

아이드 라잌 투 메이크 잇 어 콰이엇 룸

08 전망이 좋은 방으로 부탁드립니다.

We ask you to a room with a good view.

위 애스크 유 투 어 룸 위드 어 굿 뷰

09 더블룸으로 부탁합니다.

A double bed, please.

어 더블 베드, 플리즈

10 더 싼 방은 없습니까?

Don't you have a cheaper room?

돈트 유 해브 어 취퍼 룸?

11 이 숙박 카드에 기입해 주십시오.

Please fill in the registration card.

플리즈 필 인 더 레지스트레이션 카드

12 여기 방 카드 있습니다.

Here is a room card.

히어 이즈 어 룸 카드

호텔 프런트에서

01 귀중품을 보관하고 싶은데요.

I want you to take my valuables.
아이 원트 유 투 테잌 마이 밸류어블즈

---

02 열쇠를 보관해 주시겠습니까?

Will you keep my key?
윌 유 킵 마이 키?

---

03 열쇠를 주시겠습니까?

Can I have my key?
캔 아이 해브 마이 키?

---

04 식당은 어디에 있습니까?

Where is the restaurant?
웨어 이즈 더 레스터란트?

---

05 저한테 온 메시지는 있습니까?

Do you have any messages for me?
두 유 해브 애니 메시쥐즈 풔 미?

---

06 오늘 밤 늦게 돌아올 예정입니다.

I'll be back late tonight.
아윌 비 백 레잇 투나잇

호텔에서 룸서비스를 받을 때

01 룸서비스를 부탁합니다.

Room service, please.

룸 써비스, 플리즈

02 내일 아침 식사를 부탁드리고 싶습니다.

I want to have breakfast tomorrow morning.

아이 원 투 해브 블랙퍼스트 투머로우 모닝

03 계란 프라이와 커피를 부탁합니다.

I'd like to have fried eggs and coffee.

아이드 라잌 투 해브 프라이드 에그즈 앤 커피

04 내일 아침 7시에 깨워 주세요.

Wake me up at seven tomorrow morning, please.

웨이크 미 업 앳 세븐 투머로우 모닝, 플리즈

05 뜨거운 물을 부탁드립니다.

Would you bring me boiling water?

우드 유 브링 미 보일링 워러?

06 세탁을 부탁합니다.

Laundry service, please.

런드리 서비스, 플리즈

호텔에서 트러블이 있을 때

01 방에 열쇠를 둔 채 잠가 버렸습니다.

I've locked my key in my room.
아이브 락트 마이 키 인 마이 룸

---

02 마스터키를 부탁합니다.

The master key, please.
더 마스터 키, 플리즈

---

03 뜨거운 물이 나오지 않습니다.

There's no hot water.
데어즈 노 핫 워러

---

04 화장실 물이 내려가지 않습니다.

The toilet doesn't flush.
더 토일릿 더즌ㅌ 플러쉬

---

05 옆방이 매우 시끄럽습니다.

The next room's very noisy.
더 넥스트 룸즈 베리 노이지

---

06 타월을 좀 더 부탁드립니다.

Please give me a little more the towel.
플리즈 깁 미 어 리틀 모어 더 타월

호텔에서 체크아웃을 할 때

01 체크아웃을 하고 싶은데요.
Check out, please.
체크 아웃, 플리즈

02 하룻밤 더 묵고 싶은데요.
I'd like to stay one more night.
아이드 라잌 투 스테이 원 모어 나잇

03 오후 늦게까지 방을 쓸 수 있을까요?
May I use the room till this afternoon?
메- 아이 유즈 더 룸 틸 디스 애프터눈?

04 추가 요금은 얼마입니까?
How much is extra charge?
하우 머취 이즈 엑스트라 챠지?

05 이 신용카드로 지불하고 싶은데요.
I'd like to pay with this credit card.
아이드 라잌 투 페이 위드 디스 크레딧 카드

06 고맙습니다. 즐겁게 잘 보냈습니다.
Thank you. I enjoyed my stay.
땡큐. 아이 인조이드 마이 스테이

현지에서 찐으로 통하는 회화는 따로 있다

UNIT 03 관광에 관한 표현

가장 많이 쓰이는 회화

안녕하세요. 뭘 도와 드릴까요?
Good morning. May I help you?

관광안내 책자를 하나 주시겠어요?
Can I have a sightseer's pamphlet?

저희들 사진 좀 찍어 주시겠어요?
Would you please take a picture for us?

알겠습니다. 웃으세요. 좋습니다.
All right. Smile. Good.

 관광안내소에서

01 안녕하세요. 뭘 도와 드릴까요?
Good morning. May I help you?
굿 모닝. 메- 아이 핼프 유?

02 이 도시 관광에는 어떤 것들이 있나요?
What does the city tour include?
왓 더즈 더 시티 투어 인클루드?

03 관광안내 책자를 하나 주시겠어요?
Can I have a sightseer's pamphlet?
캔 아이 해브 어 사잇씨얼즈 팸플릿?

04 이 도시의 주요 관광 명소가 어디입니까?
What are the major tourist attractions in this city?
왓 아 더 메이져 투어리스트 어트렉션즈 인 디스 시티?

05 이 도시의 구경거리를 추천해 주시겠어요?
Would you suggest some interesting places to visit in this city?
우드 유 석제스트 썸 인터레스팅 플레이시즈 투 비지트 인 디스 시티?

06 뉴욕에서는 무엇이 볼만합니까?
What would you recommend me to see in New York?
왓 우드 유 레커멘드 미 투 씬 뉴욕?

07 시내를 한눈에 볼 수 있는 곳이 있습니까?

Is there any place where I can enjoy a view of the whole city?

이즈 데어 에니 플레이스 웨어라이 캔 인죠이 어 뷰 어브 더 호울 시티?

08 당일치기로 어디에 갈 수 있습니까?

Where can I go for a day trip?

웨어 캔 아이 고 풔 어 데이 트립?

09 뉴욕 박물관은 몇 시에 문을 엽니까?

What time is the New York Museum open?

왓 타임 이즈 더 뉴욕 뮤지엄 오픈?

10 야시장은 어디에 있습니까?

Where is the night market?

웨어 이즈 더 나이트 마켓?

11 지금 하고 있는 축제가 있습니까?

Are there any fesivals now?

아 데어 애니 페스티벌즈 나우?

12 씨티 투어가 있습니까?

Is there a city tour?

이즈 데어러 씨티 투어?

> 씨티투어를 할 때

01 여기서 투어예약을 할 수 있습니까?

Can I book a tour here?

캔 아이 북 어 투어 히어?

---

02 개인당 비용은 얼마입니까?

What's the rate per person?

왓츠 더 레잇 퍼 펄슨?

---

03 어른 표 2장과 어린이 표 3장 주세요.

Two adults and three children, please.

투 애덜츠 앤 쓰리 췰드런, 플리즈

---

04 가이드가 있습니까?

Do you have a guide?

두 유 해브 어 가이드?

---

05 몇 시에 어디서 출발합니까?

What time and where does it leave?

왓 타임 앤 웨어 더즈 잇 리브?

---

06 시간은 얼마나 걸립니까?

How long does it take?

하우 롱 더즈 잇 테익?

07 야간관광이 있습니까?

Do you have a night tour?

두 유 해브 어 나잇 투어?

08 이게(저게) 뭐죠?

What is this(that)?

왓이즈 디스(댓)?

09 이곳에 대해 설명해 주세요.

Please, tell me about this place.

플리즈, 텔 미 어바웃 디스 플레이스

10 정말 아름다운 경치이군요!

What a beautiful sight!

왓 어 뷰티 싸잇트!

11 화장실은 어디에 있습니까?

Where is the rest room?

웨어 이즈 더 레스트 룸?

12 몇 시까지 버스로 돌아와야 합니까?

What time should be back to the bus to me?

왓 타임 슈드 비 백 투 더 버스 투 미?

사진을 찍을 때

01 저희들 사진 좀 찍어 주시겠어요?

Would you please take a picture for us?

우드 유 플리즈 테익 어 픽쳐 풔 어스?

02 알겠습니다. 웃으세요. 좋습니다.

All right. Smile. Good.

올 라잇. 스마일. 굿

03 건물이 보이도록 찍어 주세요.

Please take a photo to see the building.

플리즈 테익 어 포토 투 씨 더 빌딩

04 함께 사진을 찍읍시다.

Let's take a picture together.

렛츠 테익 어 픽쳐 투게더

05 여기서 사진을 찍어도 되나요?

May I take pictures here?

메- 아이 테익 픽쳐스 히어?

06 여기는 촬영금지 구역입니다.

You're not allowed here is taking pictures.

유아 낫 얼라우드 히어 이즈 테이킹 픽쳐스

429

UNIT 04

현지에서 찐으로 통하는 회화는 따로 있다

오락에 관한 표현

가장 많이 쓰이는 회화

무엇을 마시겠습니까?
What do you want, sir?

스카치 위스키와 물을 주세요.
Scotch whisky and water, please.

갬블을 하고 싶습니다.
I'd like to play gambling.

칩은 어디서 바꿉니까?
Where can I get chips?

디스코텍에서

01 근처에 디스코텍이 있습니까?

Are there any discos around here?

아 데어 애니 디스코즈 어롸운드 히어?

---

02 인기가 있는 디스코텍은 어디입니까?

Where is the popular disco?

웨어 이즈 더 파퓰러 디스코?

---

03 음료수 값은 별도입니까?

Do you charge for drinks?

두 유 챠쥐 풔 드링스?

---

04 라이브 연주도 있습니까?

Do you have live performances?

두 유 해브 라이브 퍼풔먼시즈?

---

05 봉사료는 얼마입니까?

What's the cover charge?

왓츠 더 커버 차쥐?

---

06 같이 춤을 추시겠습니까?

Would you dance with me?

우드 유 댄스 위드 미?

바(bar)에서

01 무엇을 마시겠습니까?
What do you want, sir?
왓 두 유 원트, 써?

02 한국 맥주는 없습니까?
Don't you have any Korean beer?
돈츄 해브 애니 코리언 비어?

03 스카치 위스키와 물을 주세요.
Scotch whisky and water, please.
스카취 위스키 앤 워러, 플리즈

04 얼음물을 더 주세요.
Ice water, please.
아이스 워러, 플리즈

05 어떤 안주가 있습니까?
What kind of snacks do you have?
왓 카인드 어브 스낵스 두 유 해브?

06 기본 안주 부탁합니다.
Basic dishes, please.
베이직 디씨즈, 플리즈

카지노에서

01 이 호텔에는 카지노가 있습니까?

Is there any casino in this hotel?

이즈 데어 애니 카지노 인 디스 호텔?

---

02 카지노는 몇 시부터 합니까?

What time does the casino open?

왓 타임 더즈 더 카지노 오픈?

---

03 갬블을 하고 싶습니다.

I'd like to play gambling.

아이드 라잌 투 플레이 갬벌링

---

04 칩은 어디서 바꿉니까?

Where can I get chips?

웨어 캔 아이 겟 칩스?

---

05 칩 200달러 부탁합니다.

May I have 200 dollars in chips, please.

메- 아이 해브 투 헌드레드 달러즈 인 칩스, 플리즈

---

06 칩을 현금으로 바꿔 주세요.

I'd like to cash these chips.

아이드 라잌 투 캐쉬 디즈 칩스

UNIT 05

현지에서 찐으로 통하는 회화는 따로 있다

트러블에 관한 표현

가장 많이 쓰이는 회화

무슨 일이십니까?
What's the matter with you?

교통사고를 당했습니다.
I had a traffic accident.

도난당한 물건이 있습니까?
Is anything missing?

지갑(여권)을 도난당했습니다.
I was robbed of my purse(passport).

 물건을 분실했을 때

01 여행가방을 분실했습니다.
I lost my suitcase.
아이 로스트 마이 슈트케이스

02 언제 어디서 분실했습니까?
When and where did you lose it?
웬 앤 웨어 디드 유 루즈 잇?

03 어디서 잃어버렸는지 기억이 안 납니다.
I don't remember where I lost it.
아이 돈트 리멤버 웨어 아이 로스트 잇

04 택시 안에 가방을 두고 왔습니다.
I left my bag in a taxi.
아이 레프트 마이 백 인 어 택시

05 유실물 취급소는 어디입니까?
Where is the lost and found?
웨어 이즈 더 로스트 앤 파운드?

06 분실한 짐을 찾으러 왔습니다.
I'm here to pick up my luggage that I lost.
아임 히어 투 픽 업 마이 러기쥐 댓 아이 로스트

 도난을 당했을 때

01 무슨 일이십니까?

What's the matter with you?

왓츠 더 메러 위드 유?

02 도난신고를 하고 싶습니다.

I'd like to report a theft.

아이드 라잌 투 리포터 쎄프트

03 도난당한 물건이 있습니까?

Is anything missing?

이즈 애니씽 미씽?

04 지갑(여권)을 도난당했습니다.

I was robbed of my purse(passport).

아이 워즈 랍트 어브 마이 퍼스(패스포트)

05 한국대사관에 전화해 주세요.

Please call the Korean embassy.

플리즈 콜 더 코리언 엠버시

06 경찰서는 어디에 있습니까?

Where's the police station?

웨어즈 더 폴리스 스테이션?

사고를 당했을 때

01 큰일 났습니다.
It's an emergency.
잇츠 언 이머젼시

02 교통사고를 당했습니다.
I had a traffic accident.
아이 해드 어 트래픽 액시던트

03 부상자가 몇 명 있습니다.
There are some injured persons here.
데어 아 썸 인져드 펄슨즈 히어

04 보험 처리가 됩니까?
Will the insurance cover it?
윌 더 인슈어런스 커버 잇?

05 그런 사고가 난 것은 제 잘못이에요.
It's my fault that the accident happened.
잇츠 마이 폴트 댓 디 액시던트 해펀드

06 도로표지판의 뜻을 몰랐습니다.
I didn't know what that sign said.
아이 디든트 노 왓 댓 사인 쎄드

UNIT 06 귀국에 관한 표현

현지에서 찐으로 통하는 회화는 따로 있다

가장 많이 쓰이는 회화

공항까지 부탁합니다.
To the airport, please.

어느 공항입니까?
Which airport do you want?

탑승 수속은 어디서 합니까?
Where do I check in?

탑승권을 보여 주세요.
May I have your ticket?

항공권 예약을 재확인 할 때

01 예약 재확인을 부탁합니다.
I would like to make a reconfirmation for my flight.
아이 우드 라잌 투 메이크 어 리컨퍼메이션 풔 마이 플라잇

02 예약 재확인을 하고 싶은데요.
I want to reconfirm my reservation.
아이 원츄 리컨펌 마이 레저베이션

03 예약을 재확인했습니다.
You're reconfirmed.
유어 리컨펀드

04 항공권은 가지고 있습니까?
Do you have a ticket?
두 유 해브 어 티켓?

05 몇 시에 출발하는지 확인하고 싶은데요.
I want to make sure what time it's leaving.
아이 원 투 메잌 슈어 왓 타임 잇츠 리빙

06 가능한 빠른 편이 좋겠군요.
I want to fly as soon as possible?
아이 원 투 플라이 애즈 쑨 애즈 파서블?

 항공편을 변경할 때

01 예약을 취소하고 싶은데요.

I'd like to cancel my reservation.

아이드 라잌 투 캔쓸 마이 레저베이션

02 죄송합니다만, 비행편을 변경하고 싶은데요.

Excuse me, I want to change the flight.

익스큐즈 미, 아이 원 투 체인쥐 더 플라잇

03 15일에 같은 편으로 해 주세요.

I'd like to fly on the 15th, on the same flight.

아이드 라잌 투 플라이 안 더 피프틴, 안 더 세임 플라잇

04 오후 비행기로 변경하고 싶습니다.

I'd like to change it to an afternoon flight.

아이드 라잌 투 체인지 잇 투 언 애프터눈 플라잇

05 미안합니다, 그 편은 다 찼습니다.

I'm sorry, but that flight is fully booked up.

아임 쏘리, 벗 댓 플라잇트 이즈 풀리 북드 업

06 웨이팅(대기자)으로 해 주세요.

Would you put my name on the waiting list?

우드 유 풋 마이 네임 안 더 웨이팅 리스트?

공항으로 갈 때

01 공항까지 부탁합니다.

To the airport, please.

투 디 에어포트, 플리즈

02 어느 공항입니까?

Which airport do you want?

위치 에어포트 두 유 원?

03 짐은 몇 개입니까?

How many pieces of baggage?

하우 메니 피스 어브 배기쥐?

04 3개입니다. 큰 것은 트렁크에 넣어 주세요.

Three. Please put the baggage in the trunk.

쓰리. 플리즈 풋 더 배기쥐 인 더 트렁크

05 공항까지 어느 정도 걸립니까?

How long will it take to get to the airport?

하우 롱 윌 잇 테익 투 겟 투 디 에어포트?

06 빨리 가 주세요. 늦었습니다.

Please hurry. I'm late, I am afraid.

플리즈 허리. 아임 레잇트. 아이 엠 어프레이드

 물건을 놓고 왔을 때

01 기사님, 호텔로 돌아가 주시겠어요?

Driver, Would you go back to the hotel?

드라이버, 우드 유 고 백 투 더 호텔?

02 중요한 것을 놓고 왔습니다.

I left something very important there.

아이 래프트 섬씽 베리 임포턴트 데어

03 카메라를 호텔에 놓고 왔습니다.

I left my camera in the hotel.

아이 래프트 마이 캐머러 인 더 호텔

04 호텔로 전화해서 카메라가 있는지 확인해야 합니다.

I should call the hotel to find if my camera is in the hotel.

아이 슈드 콜 더 호텔 투 파인 이프 마이 캐머러 이즈 인 더 호텔

05 어디에 두었는지 기억하고 있습니까?

Do you remember where you left it?

두 유 리멤버 웨어 유 레프트 잇?

06 서랍에 넣어 두었습니다.

I put it in the drawer.

아이 풋 잇 인 더 드로월

 탑승수속을 할 때

01 탑승 수속은 어디서 합니까?
Where do I check in?
웨어 두 아이 체크- 인?

02 탑승권을 보여 주세요.
May I have your ticket?
메- 아이 해브 유어 티켓?

03 네, 여기 있습니다.
Yes, here it is.
예스, 히어 잇 이즈

04 여기서 체크인 할 수 있습니까?
Can I check-in here?
캔 아이 체크-인 히어?

05 좌석을 좀 바꾸어도 될까요?
May I change my seat?
메- 아이 체인쥐 마이 씻?

06 탑승 개시는 몇 시부터입니까?
When is the boarding time?
웬 이즈 더 보딩 타임?

07 면세점은 어디에 있나요?

Where is the duty-free shop?

웨어 이즈 더 듀티 프리 샵?

08 출국카드는 어디서 받습니까?

Where can I get an embarkation card?

웨어 캔 아이 겟 언 엠바케이션 카드?

09 꼭 그 비행기를 타야 합니다.

I must catch the flight.

아이 머스트 캐치 더 플라잇트

10 짐의 초과요금은 얼마입니까?

How much must I pay for the extra weight?

하우 머치 머스트 아이 페이 풔 디 엑스트라 웨잇트?

11 이것은 기내에 가지고 들어갈 수 있습니까?

Can I carry this in the cabin.

캔 아이 캐리 디스 인 더 캐빈

12 231편 탑승 게이트는 여기입니까?

Is this the boarding gate for flight 231?

이즈 디스 더 보딩 게이트 풔 플라잇 투 쓰리 원?

귀국하는 비행기 안에서

01 자리를 찾고 있습니다.
Looking for a seat.
룩킹 포 어 씻

02 30번 좌석이 어디입니까?
Where is the seat number 30?
웨어 이즈 더 씻 넘버 써티?

03 저쪽 통로 좌석입니다.
An aisle seat over there.
앤 아일 씻 오버 데어

04 왼쪽으로 두 번째 좌석입니다.
Second seat to the left.
세컨드 씻 투 더 래프트

05 입국카드는 가지고 계십니까?
Do you have an immigration card?
두 유 해브 언 이미그레이션 카드?

06 입국카드를 주시겠어요.
Immigration card, pleae.
이미그레이션 카드, 플리즈

445

07 입국카드 작성법을 모르겠습니다.
I'm not sure how to fill out the immigration card.
아임 낫 슈어 하우 투 필 아웃 디 이미그레이션 카드

08 펜을 빌릴 수 있을까요?
Can I borrow your pen?
캔 아이 발로우 유어 펜?

09 이것이 세관신고서입니다.
This is the customs declaration form.
디스 이즈 더 커스텀즈 데클레이션 폼

10 인천에 언제 도착합니까?
When do we land in Incheon?
웬 두 위 랜드 인 인천?

11 제 시간에 도착합니까?
Are we arriving on time?
아 위 어라이빙 안 타임?

12 목적지는 인천입니까?
Is Incheon your destination?
이즈 인천 유어 데스터네이션?

현지에서 찐으로 통하는 영어회화

1판 1쇄 인쇄 2025년 10월 1일
1판 1쇄 발행 2025년 10월 5일

엮은이 영어교재연구원
펴낸이 윤다시
펴낸곳 도서출판 예가

주 소 서울시 영등포구 영신로 45길 2
전 화 02-2633-5462 **팩스** 02-2633-5463
이메일 yegabook@hanmail.net **블로그** http://blog.naver.com/yegabook
인스타그램 http://instagram.com/yegabook
등록번호 제 8-216호

ISBN 978-89-7567-666-6 13740

- 이 책은 저작권법에 의해 보호를 받는 저작물이므로 무단 복제·전재·발췌할 수 없습니다.
- 잘못된 책은 교환해 드립니다.
- 가격은 표지 뒷면에 있습니다.
  표지에는 (주)위드이노베이션이 제공한 여기어때 잘난체 2 서체가 적용되어 있습니다.